ちくま新書

AV出演を強要された彼女たち

宮本節子
Miyamoto Setsuko

1225

AV出演を強要された彼女たち【目次】

はじめに　いまアダルトビデオ業界では何が起こっているのか

二〇一六年六月、アダルトビデオの大手プロダクション、マークスジャパンの元社長ら関係者三名が労働者派遣法違反の疑いで逮捕された。アダルトビデオへの出演を強要されたと、所属する女性が被害届けを出したからだ。さらに、その派遣先である大手のアダルトビデオ制作会社ＣＡ（シーエー。DMM.comのグループ会社）も、別件のわいせつ罪で家宅捜査された。これらの事件は氷山の一角であり、今後さらに業界へのメスが入るのではないかと噂されている。

いま、ＡＶ業界では何が起こっているのか。

〝アダルトビデオ出演強要〟報道の広がり

少なくない女性がこの業界のなかで、きわめて過酷な性暴力や性被害を受けていることは、当該女性はもとより業界関係者内では周知の事実であったかもしれないが、顕在化することはあまりなかった。一部の研究者が警鐘を鳴らしていた程度だった。

それがここ数年、性暴力被害者を支援する民間団体の活動などを通して、アダルトビデオの制作に関わった女性からの声が直接すくい上げられるようになった。表向き、被害者はいないとされていた分野だけに、その内容はショッキングであったが、メディアの波にのる機会はなかなかなかった。

「ポルノ被害と性暴力を考える会」が二〇一一年に主催したシンポジウム「子どもたちの日常を取り巻く性被害」がNHKニュースにほんの少し取り上げられ、会の名前がメディアにのった。それがきっかけになってか、NHKを中心にして、軽度の知的障害のある女性が性風俗で働かされる問題やJKビジネス（女子高生ビジネス）の問題などが長尺の番組で取り上げられ、性被害の問題と言えば、子どものポルノ被害（もちろん児童ポルノの問題は極めて重要な社会問題であることに変わりはない）だけに焦点が当たっていた状況から、だんだん問題意識の範囲が広がっていったのである。

特に、「NPO法人 ヒューマンライツ・ナウ」（http://hrn.or.jp/outline/：法律家などが中心に、日本の人権状況を国際スタンダードに近づけるための活動をしている）が、東京弁護士会館で以下の訴訟事件に関する記者会見を開いたことが注目を集め、二十社以上のメディアが集まった。

アダルトビデオへの出演を拒否した女性を、所属プロダクションが訴えたのである。二四六〇万円の損害賠償請求という民事訴訟だった。この訴えは東京地方裁判所にて棄却され、プロダクションが敗訴した。二〇一五年九月のことである。

この訴訟事件により、年若い女性がアダルトビデオの出演を拒否しただけでプロダクションから二〇〇〇万円余の損害賠償が請求されるという事態の異常さが、誰の目にも見える形となった。以後〝アダルトビデオ出演強要〟とネーミングされて、どっと報道の頻度が増え、同時に、ほかにも出演を強要される女性がいることが伝えられるようになった。

二〇一六年三月には、国会の衆議院内閣委員会で池内さおり議員の質問に答えて河野一郎国家公安委員会委員長が実態調査を約束。また、同年五月には、山本太郎参議院議員がアダルトビデオへの出演強要被害に関する質問趣意書を国会に提出した。これに対して六月には内閣府が、民間団体から被害状況を聴くなどして実態の把握に努めたいとする答弁書を閣議決定した。このように急速にこの問題が政治の場面でも表面化してきており、その流れのなかで、冒頭の逮捕劇が起こったのである。

この本では、「ポルノ被害と性暴力を考える会」および「NPO法人 人身取引被害者サポートセンター ライトハウス」に寄せられた女性の生の声を中心に、〝娯楽〟として生産されているアダルトビデオの制作過程で、生身の女性にどのようなことが起きているかを伝え、さらにこうした女性への性暴力がアダルトビデオ産業の商品生産構造の一部として組み入れられている実態を明らかにする。

かつて、家庭内暴力（ＤＶ）などの性暴力被害は、プライベートなこととして社会的認知がなかなか進まなかった時代があった。しかしいま、この問題は法整備もある程度進み、十分とは言わないまでも、この二十年ほどの間に女性たちへの支援体制も整いノウハウも蓄積されてきた。

しかし、アダルトビデオの制作現場で響いていたであろうこうした女性たちの悲鳴は、なかなか聞こえてこなかったし、見えていなかった。いっさい見えていなかったというわけではない。ＡＶ女優として成功した人たちの手記やＡＶ女優を取材したルポルタージュはさまざまに出版されており、注意深く読みこめば、そこに、女性たちの苦悩や悲鳴が読み取れないこともなかった。が、おうおうにして読み飛ばされ、あるいは〝成功に至るまでの苦労話〟として受け取られ、それは〝ないこと〟にされていたように思う。

しかし私は、「ポルノ被害と性暴力を考える会」の一員として図らずも彼女たちの悲鳴を直接当人から聞く立場に立たせられた。

これらの声から見えてきたのは、契約というビジネスの装いをまとっているがその実、性犯罪と言ってもいい実態がある、ということである。

相談を寄せる女性が一様にまず言うのは、「契約した私も悪い」という言葉である。自分が一方的に性被害を受けたという認識ではない。そして、撮影を強要した側も、契約を履行しただけの「仕事＝ビジネス」だと言い、「犯罪」の意識は薄いようだ。

従来の、性暴力被害者に対する相談方法の知見や蓄積されてきた支援体制のノウハウもあまり役に立たない新しい事態だ。当人が深刻に感じ相談したい内容は確かにある。だが相談を寄せる人自身はその深刻な相談の内実を、「性被害」という言葉を使っては伝えていない。私たちは、ひたすら虚心坦懐に話を聞き、彼女たちの肉声に迫ろうとした。彼女たちはどうしたいのか、彼女たちの訴える状況に対応して私たちにできることは何か。それを彼女たちの声のなかから学びとり、実際的な方法を一つ一つ探っていくしかなかった。本書は、そうした私たちの試行錯誤の記録でもある。

†「AV被害者相談支援事業」に寄せられた声を中心に

現在私が行っている、そしてこの本を書く契機となった「AV被害者相談支援事業」について、その成立経過を若干説明しておきたい。

事業の核心は、アダルトビデオの撮影に応じた結果、〝自分ではどうしたらいいのかわからないが、困った深刻な事態〟に陥っていると訴える女性たちの声を聞き取り、主訴(本人が訴える事柄のなかで最も重要な解決課題)の解決に向けて何ができるかを、相談依頼者とともに考え実行することにある。相談支援事業の主体は相談を寄せてくる人々であり、支援者はこの人々の走るスピードに合わせる伴走者である。

事業母体は、任意団体である「ポルノ被害と性暴力を考える会（ＰＡＰＳ）」（二〇〇九年結成。People Against Pornography and Sexual Violence）と「ＮＰＯ法人 人身取引被害者サポートセンター ライトハウス（ＬＨ）」（二〇〇四年設立。Lighthouse: Center for Human Trafficking Victims）の二つの団体である。

ＰＡＰＳは、婦人保護施設の施設長や職員、ポルノグラフィが社会に与える負の側面を研究していた研究者、および女性の性暴力被害に関心を持つ市民などから成る、つながりの緩やかな市民組織である。活動の中心は性暴力被害に関する社会啓発活動。一方、ライトハウスは、外国から人身取引被害者として日本へ〝輸出〟されてくる女性たちの救援活動を主たる目的として十年以上活動してきた、市民を中心メンバーとするＮＰＯ法人である。

両団体ともにホームページがあるので詳しくはそこを参照されたい（ＰＡＰＳ：https://PAPS-jp.org/aboutus/　ＬＨ：http://lhj.jp/）。

さて、ＰＡＰＳに初めて「アダルトビデオに出演させられた。助けて」という趣旨の相談が寄せられたのは二〇一二年である。当時ＰＡＰＳは、直接的な相談支援活動を視野にはおいていなかったが、相談が寄せられた以上対応せざるを得なくなっていった。ほぼ同時期に、ライトハウスのほうへも、性風俗店での勤務やアダルトビデオへの出演を止めたいなどの相談が、単発的に寄せられるようになった。

二〇一三年に寄せられた相談を題材にして、PAPSでは、二〇一四年一月に「AVに出演させられそうになっている方へ」というメッセージをホームページに掲載した。この記事には四万人余のアクセスがあった。同年七月には、より具体的な内容を含んだ「AVに出演していて困った問題に直面された方へ」というメッセージを掲載。続いて、同年八月に、手探り状態の私たちが連携を求めたヒューマンライツ・ナウの事務局長伊藤和子弁護士が「AV出演を強要される被害が続出」というタイトルで〝安易に勧誘に乗るな〟という内容の長文のメッセージをブログで発した。これらのメッセージは爆発的に広がり数万人のアクセスがあった。このことによりPAPSでは、それまで年に一件ほどだった相談件数が、二〇一四年には二桁を数えるまでになった。

PAPSにはITエンジニアとソーシャルワークの専門家がおり、ライトハウスには人身取引被害者支援のノウハウと人件費を賄う資金源がある。そこで、二〇一五年春、両組織にブリッジを掛ける形で「AV被害者相談支援事業」として協働し、本格的な相談支援活動を開始した。なお、この事業において筆者は、支援者に対するスーパーバイザーという立場に身を置いている。

女性たちの切羽詰まった雰囲気は伝わるのだが、いったいどのようなことで具体的に何に困っているのか、はじめはよくわからなかった。さらに、アダルトビデオ産業の成り立ちや個々の業者の組織形態や事業展開の戦略、また産業全体の規模や構造など、わからないことだらけであったので、支援体制の組み立ては困難を極めた。

しかし、二つの設立基盤の異なる団体にブリッジを掛けて相談体制を組んだ試みは、いまのところ奏功し、二〇一六年八月三一日現在で、相談件数は相談を受け付け始めてから累計で二一八件に上る。そのうち直接面接した人は半分以上、百数十人になる。

Iでは、相談を寄せてきた人々（以下相談依頼者と呼ぶ）のなかから代表的な例を紹介する。なお、代表的な例といっても、個人を特定されることのないように、いくつかの似通った例をミックスさせてあることを断っておきたい。

IIでは、どのように彼女たちが、意思に反してアダルトビデオの撮影に応じそこから抜け出せなくなってしまったのか、女性たちがスカウトされて商品ができ流通するまでの事情を追う。そして、AVに出演したことで苦しみ困まっている女性たちが私たちの支援を受けてどのようにそこから抜け出していくのか、それでも残ってしまう課題は何かについても概観する。その上で、相談支援対応するなかで見えてきたアダルトビデオ産業の、あまり知られていない実態を、ごく普通の市民が抱く疑問を意識しながら伝えたい。

先に述べたように、私たちが聞き取ってきた女性たちの訴えが、二〇一五年、二〇一六年頃から各種のメディアによって〝アダルトビデオ出演強要〟とネーミングされ、報道される機会が増えてきた。と同時に、そもそも彼女たちの訴えが本当である証拠はあるのか、好きでやっているのではないか、女性は自分が不利な状況になったものだから勝手に被害をでっちあげて嘘を言い立てているに過ぎないのではないか、などの批判や反論、中傷が相次ぐようになってきている昨今でもある。

私たちには調査の法的権限はないので、プロダクションやメーカー側の事情を聴取したり、調査することはできない。したがって、本書で取り上げている事例について、厳密に司法的な意味での証拠はなく、彼女たちが犯罪の被害者であると断定的に言うことはできない。私たちはただ、彼女たちが訴えてきた言葉をなるべく正確に、なるべくたくさんの人に伝えたいと思う。死にたくなるほど苦しいと訴えている人の言葉を、従来は埋もれてしまい、誰も聞いていなかった女性たちの言葉を、それを聞いた者の責任として、広く世に伝える必要があると思うのだ。

アダルトビデオは合法的に社会に広く流通している商品である。男性で、ＡＶを一度も見たことがないという人は少数派だろう。一方こうした被害に遭うのは、性風俗業界に近い環境にいる女性だけとは限らない。ごくふつうの学生であったりアルバイトや非正規で働く人であったりする。特殊な人たちの特殊な問題ではない。私たちの暮らす社会のなかで、私たちのすぐ横で起こっている社会問題であることを、理解していただければ幸いである。

Ⅰ アダルトビデオに出演させられてしまった彼女たち

この章では、アダルトビデオのプロダクションやその関連のスカウトマンが、若い女性たちの、タレントになりたいアイドルになりたいという願望、あるいはお金が欲しいという気持ちに巧みにつけ込んで、契約書にサインをさせて、徐々にアダルトビデオ撮影に応じるよう持ち込んでいく実例を挙げていく。

私たちは、現在常勤換算の実働で約四・五人(ボランティアがたくさんいる)ほどが活動しており、先に述べたように二〇一六年八月末現在の累計で二一八件の相談に対応してきた。どの事例もそれぞれに異なり、誰一人としておろそかにはできない独自の問題を抱えている。が、ここではわけても典型と思われる五事例をベースにし、本人特定につながる情報を避けつつ、ことの経緯を具体的に伝えていきたいと思う。類似する典型例は一つとは限らないので、どの事例も何人かを複合させている。

一方で、AV女優として自己実現を図ったり自己充実を感じる女性がいたり、職業としてAV女優を自ら選び生活の糧を得ている女性たちがいることも、私たちは承知している。しかしこの本で語られるのは、あくまでもアダルトビデオに出演したことによって自分の生活や身体、精神が強く脅かされ、侵害されたと感じる女性たちの物語である。アダルトビデオ業界のすべてではなく、あくまでも一側面ではあるが、もう一つの現実であり、いままで語られてこなかった負の側面であることを断っておきたい。

1 Aさん＊それでも彼女は言い張った。「親には知られたくない」

ある晴れた初秋の昼近く、私と兼井さん（仮名）は都内の大きな駅近くでその女性と待ち合わせをした。兼井さんは、以後たびたびこの本に登場するPAPSの支援活動の中心的な人物である。

思わず振り返りたくなるほど美しい女性が現れた。スレンダーなボディによくフィットしたカットのいいスカート、お金のかかったファッショナブルないでたちだった。彼女はさる有名大学の二年生で、春には二十歳、つまり成人になっていた。将来の夢はモデルになること。進学と同時に実家から離れて一人暮らしをしている。

これから私たちは、彼女と一緒に近くの警察署に被害相談に行くことになっていた。約束の時間には十分時間があるので、近くのカレー屋さんに入って昼食をとる。彼女も私も普通のカレーを、兼井さんは唐辛子の印が五つ付いた飛び切り辛いヤツを注文した。カレーの趣味などを話しながら雑談し、お互いの波長合わせを試みる。兼井さんはすでに、彼女にことの経過の聞き取りをしているし、その後はメールや電話のやり取りも頻繁に行い、

〝かなちん〟と愛称で呼ばれるような関係になっていた。私だけが初対面で、これからの関係形成に重要な場面である。

雑談している分にはごく普通の大学生の女の子、という印象であった。にこにこしながら学生生活などを話す彼女を前にして私は戸惑った。

どうして、このように利発な子が、特に興味もないし、ましてやりたいとも思っていなかったアダルトビデオの撮影に応じ、DVDが発売されてしまい、いまでは精神のバランスを崩すまでになってしまったのか。私のこの戸惑いは、アダルトビデオの制作プロセスのなかで何が起きているかをまったく知らないごく普通の人の疑問でもあろう。

以後、彼女のことをAさんと呼ぼう。

さて、Aさんとの出会いは、Aさんが通っていた精神科医がPAPS関係者に相談してきたことに端を発する。AV撮影を強要されて、ひどい精神的ショックを受けてトラウマ状態で治療中の女性がいる。加害者である業者の問題も絡んでいるので、精神科治療だけでは対応できないから相談に乗ってほしいとの依頼だった。Aさん自身も精神科治療だけでは解決しない悩みを抱えていると自覚していたため、彼女にとってはまったく知らない団体組織の私たちであったが、通院している精神科医の紹介ということもあり、比較的障壁が低く、会えることになったのだ。精神科医の依頼から一週間もたたないうちに彼女と連絡が取れて、兼井さんともう一人とでまず直接会って話を聞くことができた。

✝渋谷で声をかけられる

Aさんの話の内容は衝撃的なものだった。

二年生になったばかりの春先のある日の夕方、学校の帰り、渋谷駅近辺の雑踏のなかを一人で歩いていたときのことだ。

一人の若い男が近づいてきて声をかけた。

「君、モデルとかにさあ、興味ない？」

手慣れた感じであったという。彼女は目立って美しいこともあってか高校生の頃からスカウトマンに声をかけられる経験はすでに持っていた。ふだんは即座に断っていた。だからそのときにも、そっぽを向いて半ば無視するようにそっけなく答えた。

「興味、ありませんから……。」

「君みたいにきれいな子が興味ないなんてないでしょ！　ずいぶんスカウト受けてるんじゃない？」

Aさんは、しつこいなあ、こんな見も知らない男のスカウトを受けるくらいなら名のある芸能事務所へ自分から応募してるよと、内心苛立たしく思い、その場を立ち去ろうとした。

しかし、男はしつこくAさんの前に立ちはだかり、行く手をさえぎる。走り去ることができないほどの雑踏も災いして、男をふり切ることはできない。雑踏に紛れ込めない微妙な位置に男が立ちはだかる。

「この子はさあ、僕がスカウトしたんだよ。」

分厚いファイルを器用に広げて指し示す。同時に、道路の建物寄りのほうに押し込んで、彼女をいっそう逃げにくくする。

ファイルには、名前は知らないが顔は確かに知っているアイドルがいた。うっかりそのページに目をやったのがきっかけで、次第に男のペースにはまり込んでいった。

「君みたいにきれいな人はめったにいないよ。モデルの素質があると思う。頼むからさあ、話だけでも聞いてよ。」

それでも急ぎ足で立ち去ろうとしたが、追いすがり、さらにしつこく迫られて断り切れなかった。とうとう喫茶店に連れ込まれて話だけでも聞くことになった。

あまりにしつこい勧誘なので、彼女は話だけ聞いてそこで断ればいいと考えたのだった。話を〝聞いてあげる〟ことをすれば、男は諦めるだろうと。

†喫茶店で話を聞き契約書にサイン

男が持っていた分厚いファイルには、彼がスカウトしたと称する女性たちがずらりとファイルされていた。それらを見せながら、Aさんが顔だけ知っているアイドルから始まって、一人一人のサクセス・ストーリーを聞かせるのだ。

なぜスカウトマンは時間稼ぎをしようとするのだろうか。これは女性を巻き込んでいくための策略の一手段なのだ。そのことは、このAさんのこれから先の展開を見ればよくわかる。嫌だったら途中で断って席を立てばいいじゃないかと人は言うかもしれない。しかしスカウトマンだって生活がかかっているから、手慣れたスカウトマンであればあるほど弁舌さわやかに話しつづけ、これはと目をつけた女性に対しては、席を立ったり、断ったりする隙を与えない。

Aさんは、喫茶店の奥のほうの壁際のコーナー席に座らせられ、男はその前に座り、逃げ出せないようにガードを張った。何度もスカウトマンの勧誘を断っているから今回だって〝話を聞いてあげれば〟諦めるだろうと考えた彼女が甘かったかもしれない。しかし、世俗的な経験値において、女性とスカウトマンとでは圧倒的な力量の差があるのだ。

Aさんがトイレに立つときにも、

「荷物はそこに置いといていいよ、僕が見ているから。」

と言われてしまった。それは柔らかな物言いだったけれども有無を言わせない何かがあり、Aさんはトイレを口実に逃げ出すこともできなかった。次第にその場の主導権を男が握っていく。

「ところで、君、いくつ？　モデルになるには歳が重要だからさあ、年齢を証明するものを見せてくれない？」

生年月日が記載されている学生証を見せてしまった。男はそれをケータイで撮影し、そのことの無礼さをAさんはとがめだてをすることができなかった。あとで考えれば、抗議をして席を立つきっかけも作れたのだが、男のペースにすっかりはまっていて、そんな知恵もまわらなかったという。

夕方早くから始まったこの勧誘は夜遅くまで続き、Aさんは終電時刻が気になった。終電を逃せば、渋谷の繁華街で夜を過ごさなければならないが、そんなことはしたことがない。次第に、帰れないのではないかという不安が増してくる。Aさんは徐々にこの不安と疲弊とで思考力を奪われた状態になっていった。Aさんの消耗を見計らって、スカウトマンは契約書を出した。

「これに署名してくれれば、あとは僕がいいようにするから。」

ついに、Aさんは根負けし、最後の頃にはともかくもこのしつこい勧誘から早く逃れたいという気持ちのほうが勝って、契約書に署名捺印してしまったという。名刺はもらっているのだが、そのことより署名捺印したことが強く印象に残り、ともかくもどこかのプロダクションに所属して「モデル」の仕事をすることになるんだと思ったことを、おぼろげながら覚えている。

スカウトマンは、署名捺印させたAさんから手際よく、住所氏名、生年月日、親の職業、銀行の振込み口座番号などを聞きだしていった。Aさんはなんでこんなことまでと思いつつ、言われるままにスカウトマンの必要とすることを伝えてしまった。

Aさんは、この最後の場面について、とにかく家に帰りたくて、その場その時を逃げ出すことが最大の関心事だったと言っていた。重要な個人情報はそのような状況下で、まるで略奪されるように取られた。

†契約を断ろうと事務所に行く

真夜中に帰宅した彼女は、やはりあの契約は断らなければいけないと考えた。Aさんの望みは、名の知れた芸能事務所に所属してファンションモデルになることであって、そのことは親とも相談しながら決めたいと考えていた。どこの誰ともわからないスカウトマンの勧誘に応ずることはできない。

彼女の大きな間違いは、断る作業を一人でしようとしたことにある。しかし、一人でしようとしたことに関して、誰が責めることができようか。自立心があれば誰でもやるだろう。それに、なんとなく直感的に、これは人には言えない、なにかとんでもないことに巻き込まれそうになっているという不安があって、余計に誰にも相談できなかった。なんでも相談している母親には特に言えないと思った。一人暮らしをしているので、ときどき様子を見に来てくれるし、東京に所用があれば宿泊先としても利用している両親なのだが、そのときに限って現われてはくれなかった。

数日後、Aさんはプロダクションの事務所に電話を入れた。

「あのお話はお断りしたいです。」

プロダクションはいとも簡単に言った。

「そうか！　せっかくの話なのに断りたいの？　契約破棄に関してはもっといろいろ相談したいね。ついてはうちの事務所に来てくれないか。」

ちなみに契約破棄のために事務所にわざわざ本人が赴く必要はない。本人の意思を伝える手段は、メールでも手紙でもいくらでもある。

しかし、彼女は約束の日時にプロダクションに出かけていった。もちろん、契約を破棄するつもりで、だ。そして、もちろん、一人で行った。

プロダクションでは準備万端整っていた。

Aさんはそこで強姦されて、その映像を撮られた。この映像そのものがその後どのように扱われたか、Aさんは知らない。私たちにもわからない。確実に言えることは、強烈な脅しとして機能したということだ。

後日、〝出演料〟が彼女の口座に振り込まれた。

極めて悪質な犯罪である。

しかしAさんは、その場から警察へは行かなかった。プロダクションは、もう夜も遅いからと家まで車で送り返したのだ。彼女の住所をすでにつかんではいたが、実際にそこに住んでいるかどうかを確かめるためと警察に直行することを防ぐためだったようだ。

しかし、たとえプロダクションが自宅まで送り返さなくても、Aさんには警察に駆け込むという考えはそのときにはなかったという。何をどうしたらいいのかということを考えることもできないくらいの虚脱状態だったようだ。そのときにAさんが最も必要としていたのは、親身になってくれる信頼できる人だ。その人はいままではずっと両親だった。しかし、このことは親には絶対に知られたくないと強く思ったという。また、親友たちにも知られたくなかった。彼女は孤立無援の状態に陥ったのである。

†AV撮影を強要される

以後、アダルトビデオの撮影を強要されるようになった。応じないと学校に知らせるぞ、親に知らせるぞということをちらつかせられては、屈服する以外にどうすることができただろうか。撮影が重なれば重なるほど、AVに出演しているという既成事実は積み重なる。直接的に言われなくてもこの脅しは彼女に重くのしかかってくる。悪夢のマイナス・スパイラルである。

Aさんを支配下に置いたプロダクションは一気呵成にことを運び、複数のアダルトビデオのメーカーに売り込みをし、撮影の予定を次々に入れるようになった。

居ても立ってもいられないような焦燥の日々を過ごしていただろうが、最初に所属したプロダクションの名前は記憶しているが、その後次々にプロダクションが契約を取ってくるメーカーの名前はおぼろげだ。その日によって変わるスタジオの名前や場所などの記憶も定かでない。車で都内をあちこち連れまわされて撮影されている。

スカウトされてからほぼ三カ月の間に、六本のDVDが撮影されて販売された。なかには無修正のものもある。出演料はその都度Aさんの口座に振り込まれた。承諾して出演した証拠、痕跡として残っている。

そのような日々ではあったが、Ａさんは必至で親の前では平静を保とうと努力していたという。同居していたら、おそらくＡさんの精神の不安定さ、身体の不調はいつの時点かで親に知られてしまったことだろう。しかし、離れて暮らす親は気づかなかった。

夏には最初のＤＶＤが販売された。

このＤＶＤに関して、部活内部の男子学生からちらほら噂が流されるようになった。あの動画は彼女らしい、と。しかし、親しい男子学生のなかにはその噂を打ち消してくれる人もいた。

「確かに似てるけどさぁ、彼女じゃないよー。彼女はモデル志望だろ。あんな安っぽいものに出るわけないじゃん。」

アダルトビデオは映像として作り込んでもあるので、よっぽど身体的特徴が似ていないかぎり、「あのＤＶＤは確かに似てはいるけど彼女じゃないんじゃないか」と打ち消してくれる人がいれば、噂はうやむやになっていく。Ａさんの場合も、その場はなんとか収まったようだ。

出演している人物と本人とが同定されることを〝身バレ〟、親に知られてしまうことを〝親バレ〟と言う。スカウトマンやプロダクションの説明で最初に力点が置かれることの一つに、この、〝身バレ〟、〝親バレ〟は絶対にないから、ということがある。動画やＤＶ

Dはとんでもなくたくさん出回っていて、あなたの出演している作品なんか星くずの一つに過ぎないのだから絶対に身バレなんかしないよ、というわけだ。

業者のこの言い分の真偽のほどはわからない。ただ私たちのところへ寄せられる相談では、身バレはしないと言われて出演したけれどもバレてしまった、どうしたらいいだろうか、回収したい、削除したい、という内容が非常に多いのも事実だ。

†身バレを起こしてのぞんだ最後の撮影

学内で身バレを起こした彼女は、それを打ち消してくれる友人もいたけれども、次第に精神のバランスを崩していった。何度も事務所にもう辞めたいと泣きついた。事務所が彼女の何をどのように見て判断したかはわからないが、もうこれで最後にしようと言った。

そして、盛夏に行われた最後の撮影は、アダルトビデオのなかでは定番で非常に人気のあるジャンル、輪姦しながら女性を思い切り凌辱するという内容だった。もちろんこれは演技ではなく、本当の性交行為、輪姦が行われるのである。

刑法第175条に規定するわいせつ物頒布等の罪に問われないように、局部にぼかしは入れてあるものの、現在の「わいせつ防止」のぼかしは限りなく薄く、何が行われているかがわかる極めて形式的なものである。

視聴者は、本当の性交行為、この場合は輪姦が行われていると承知し、期待して見ている。ただし、被写体の女性の合意のもとになされている撮影行為であり、犯罪ではなく、合法の映像であるという、視聴者と製作者の暗黙の共通理解を前提としている。真似事ではないホンモノの輪姦だけれども出演女性の合意の上だという論理には矛盾があるように思うが、その矛盾は無視される。視聴者は、たとえ合意の上であったとしても、日常生活での親密な男女間での行為とはまったく異なる、多数回にわたって想像を絶して乱暴に扱われた女性性器がどのような状態になってしまうかには、思いをいたしていないのだろう。同じことはもちろん、制作に参加しているスタッフなど関係者にも言える。合法だ、本人が同意している（からいいのだ）というエクスキューズが強力に働く。

この映像の詳細については語らないでおく。

私たちと一緒に弁護士事務所へ法律相談に行った帰りにお茶をしたときに、Aさんはこのときのことを述懐して述べた。

「わたし、これが最後だと思って、頑張っちゃいました！」

私は、明るく述べる彼女の言葉の調子、表情に、彼女がけなげに心のバランスを取ろうとしている姿を見て取った。〝なに、たいしたことじゃなかったのよ〟と自分の受けた傷を低く見積もり、自分に言い聞かせることで被害との折り合いをつける。心理的な傷を深めないための防衛機制なのだ。しかしAさんの場合、この防衛機制は脆弱で効き目は長続きしない。どんなにたいしたことじゃなかったと言い聞かせようとも、自分自身の体に貼りついた、思い出したくもない感覚を忘れることはできないだろう。生傷を縫合することができなくて血が流れ続け、絶えず激痛が走っているようなものだ。そのようなことが自分の身の上に起きたこと自体を記憶から消去する、そんな防衛機制が働くこともあるが、彼女は忘却することもできずに、負わされた傷の深刻な痛みと闘わなければならなかった。

最後の撮影だと言われた輪姦の体験により、Aさんはいっそう精神のバランスを崩した。不眠と不安と焦燥感とでいたたまれなくなり、ネット検索をして性暴力被害に詳しい女性の精神科医に辿り着き、受診するようになった。この精神科医を経由してほどなく私たちにつながったことは、最初に述べた。

このときの医療費はおそらく自費で支払ったと思われる。保険証を使えば、いずれは親にばれることになるので用心したのではないだろうか。この間の事情は詳しくは聞いていない。少なくとも結果から言えば、親は知らなかったのだから、保険証は使用していなかったと推測される。

性暴力被害の精神科治療は長くかかるはずだが、Aさんは数カ月で中断している。あとで述べるように正月に家族と過ごした頃にはもう通院を止めていたようだ。その理由は聞き取ってはいない。

†友人の勧めで警察に行く

最後の出演をしたあとの夏休み明けのこと、Aさんにもっとも近しい一人の友人が彼女の異変に気がついた。精神的に追い詰められたAさんは、ときどきぼうっとなって意識がそこにないような感じになっていたのである。すべてを事細かにこの友人に話したわけではないが、Aさんは警察に相談に行くよう勧められた。発売されているDVDの販売を止めたくて、相談した友人に付き添ってもらい、意を決して警察に相談に行った。警察がなんとかしてくれるかもしれないと望みを託し、渾身のエネルギーを振り絞って出かけていったのだ。駅からその警察署までは徒歩でもそんなに遠くはないが、警察署に辿り着くまでとても遠い距離を歩いたように感じられたとあとで語っていた。

付き添ってくれた友人は第三者であることを理由に話に立ち会うことができなかった。友人に詳しい話を聞かれなくてよかったという思いと引き離された心細さとが、せめぎ合ったようだ。

Aさんは、そこで、二次被害に遭った。

最初に飛び込んだ警察の生活安全課から、この話は生活安全課では扱えないからと刑事課の性犯罪の相談にまわされた。そして、被害だという証拠はあるのか？　自分の意思で行ったことではないのか？　ということを事細かに聴取された。Ａさんが事情を説明すればするほど、Ａさんにとって状況は不利になっていった。被害とは言えないのではないか。警察には、そうした判断に至るそれなりの〝客観的証拠〟がそろっているかの如くに見えるのだ。

・契約書を交わしていること。
・そこには彼女の自筆の署名捺印があること。
・〝強姦〟されたと訴えているが、自ら事務所に赴いているし、〝出演料〟を受け取っていること。
・その後も、自らプロダクションやスタジオ等へ何回も撮影に出かけているし、連絡も取っていること。
・最初の〝強姦〟以外にも〝出演料〟をその都度受けとっていること。

警察で指摘された〝事実〟の一つ一つについて、Ａさんには反論ができない。

その場での警察の結論は、これは詐欺罪に当てはめることはできるかもしれないが、詐欺罪では有罪になったとしても初犯だとすれば執行猶予がつく公算が高い。契約がある以上、販売停止にする理由が無い。無修正のＤＶＤが販売されている問題に関しては、Ａさん自身が警察の言い分をあまりよく覚えておらず、どうもスルーされてしまったようだ。

この問題をもっと深めて相談するためには親と一緒に来いと強く勧められ、相談場所としての警察は、Aさんにとっては最もハードルの高い場所になってしまった。

私たち支援者が付いたあとで、Aさんはもう一度警察に事情を訴えに行くのだが、そのときには支援者が一緒についてきてくれることを強く希望していた。最初に警察に行った体験から、自分に不利になることを言わされてしまうかもしれないという恐怖を覚えていたからだ。

最初に警察に行ったときに彼女は深く傷ついたのだ。

じつはこういう対応はよくある。性被害に遭ったと訴える女性に対して、これは犯罪ではないと説明しようとする定石の論理である。Aさんには、「だから、悪いのはあなただ」という強烈なメッセージとして受け止められた。典型的な二次被害だ。事実Aさんは、ますます精神的に追い詰められ不眠状態の日々が続くようになった。

時系列的には、精神科医の受診と警察への相談の前後関係は不明だが、いずれも夏休みの終わり頃、私たちに接触してくる直前だったようである。

†警察が介入しDVDの販売を停止してほしい

Aさんの願いは、警察にもっと介入してほしい、つまり事件化してほしいということであり、かつ、介入に際しては親には絶対に知られないことを条件にしてほしいということであった。

警察に介入してほしい最大の理由はDVDの販売停止である。

「あのDVDが存在していると考えただけで、わたし、気が狂いそう。そのために弁護士さんが必要なら、お金は自分で用意できます。」

Aさんの服装や持ち物から推測するに、お小遣いには不自由していないようだった。〝出演料〟はあったかもしれないが、これには手をつけていなかった。

警察での指摘にあったように、Aさんが遭遇した出来事を犯罪でないとする理由はいくつも見いだせる。Aさんの訴えを退ける要件は、しっかりと整っているようにも見える。警察相手にこれをどう論破するか。私たちがしなければならないことは、警察へ再度相談するルートを確保することと、AV制作の犯罪的なやり方に法的に対抗できる弁護士を探すことだった。

私たちは、Aさんから話を聞き、彼女は悪質な性犯罪に巻き込まれたのだと認識した。

だから、いろいろな伝手を頼って、警察で再度話を聞いてもらう手はずを整えた。

生活安全課の刑事さんに話を聞いてもらった。

「わたし、確かに事務所に自分からなんども電話してますし、自分から事務所にも行ってますけど、それは親に知られるのが怖くて、怖くて……。でも、刑事課の刑事さんは、それって自分の意思でやったことなんだよねって責めるんです。」

「そうか、刑事課のそのヤローはそんなこと言ったのか。」

などと共感的な合いの手が入る、非常に丁寧な聞き取りだった。

そしてその刑事さんに付き添われて、もう一度刑事課に話に行った。

異例とも思われる長い時間をかけた聞き取りが行われた。私たちはその聞き取りには立ち会っていない。

夕方、聞き取りが終わったあとで、近くの喫茶店でお茶をしたとき、Ａさんはほっとしたような穏やかな表情を浮かべていた。

しかし、後日の警察の結論は、親と同伴で再度相談に来い、というものであった。成人に達しているとはいえ、若年女性のこの手の相談に親は外せない。そもそも親に話せないような状態では、本人の責任において告訴を維持できないだろう。ましてや彼女の場合、親は世間的に著名な人だったので、この親を外すわけにはいかないというのが、警察の理屈であった。そして今後の相談窓口として女性の刑事さんをつけてくれた。さらに、親に必ず伝えることのほかに、親と面接をしたいこと、その際自分が出演したDVDを持ってくること、などを伝えてきた。

親の件でAさんはさらなる絶望に陥った。最も知られたくないのは親なのだから。警察からこのような連絡があったと兼井さんに伝えてきたAさんは、自分を挫折させるために警察では親に言えと言っているのではないかと不信感を持ったようだった。

一方、兼井さんと私は、警察に再度相談するとともに、ある弁護士事務所をAさんと共に訪れて、受任してもらえるかどうか、そもそも刑事事件として立件できるかどうか相談をした。

†家族に伝えるか否か

最初にも触れたように、大学進学とともにAさんは初めて親元から離れてアパートで暮らすようになった。両親ともに彼女のアパートの鍵を持っていたのでいつでも入ることができる。彼女からもれ聞く話から推察するに、お互いに親密で強い愛と信頼が成立している親子関係のようだった。

警察に行ったり、弁護士事務所に行ったりしていた頃のある日、こんなことがあった。

連絡もなくやってきた父親が、彼女の帰宅を待ちかねていたように厳しい顔をして言った。

「○○、そこに座って真面目に話をしなさい。なんで弁護士からあなた宛てに封書が届くんだ？」

法律相談をした弁護士からの書留郵便を、偶然父が受け取ってしまったのだった。

「……あ、それはねぇ、お友だちの関係の書類なの。家庭の事情があって自分の家には弁護士からの郵便物なんて送ってもらっちゃとっても困るから、わたしの名前と住所を貸してあげたの。」

私たちが支援を始めてから、一ヵ月も経たないときのことだった。Aさんは兼井さんにメールで伝えてきた。

「かなちん、弁護士さんからの封書を父が受け取ってしまいました。わたしが強姦されたこととアダルトビデオに出たことは父にばれていませんが、代わりにたくさんの嘘をついてしまいました。本当のことを言うべきだったかどうか罪悪感やらなんやらで、もうどうしたらいいかわからない……。明日にでも会って話したい。」

このときの彼女の絶望的な気持ちはいかばかりであったろうか。私たちを通じてやっと弁護士につながり、DVDの回収、ネット上の映像の削除等の交渉はこれからという段階であった。弁護士にもうっかり相談できない……。父親とのやり取りでの消耗は、彼女の気力を削ぐには十分だったろうと推測する。

知られたくない情報のやり取りを、知られたくない人（概ね家族）にわからないようにやり取りする方法はあるし、現に私たちは実行している。しかし、当時私たちは、そこまで気が回らなかった。

明日にでも会って話したいと訴えてきていたのに、この面接は実現しなかった。具体的な場所や時間を決めようと送ったメールに、返信が来なくなってしまったのだ。

同時期、都合の悪いことに最初に相談をした弁護士が、事務所の都合で担当を代わらなければならない事態になった。せっかくAさんの代理人としてプロダクションと交渉を始めようとしていた矢先のことだった。Aさんは以降、私たちが仲介しても後任の弁護士に連絡を取らなくなってしまった。

相談があってから初めての正月が訪れた。スカウトされてから、かれこれ九ヵ月ほど経っていた。

Aさんの実家はどこか知らないが、確実に言えることは、実家に帰り、去年家族と共に過ごしたのと同じような正月を過ごしただろうということだ。

ただ、去年と決定的に違うのは、彼女はのたうつような苦しみを抱え込んでしまったことだ。彼女のこの苦しみを傍らにいる親たちは知らない。現に体験した苦しみに加えて、親に隠し通す苦しみ、親に嘘をつき続ける苦しみが増したことを実感した、地獄の正月を過ごしたのではなかったろうか。彼女からのメールによれば、〝親の前では偽装できています〟とのことだった。

彼女は素知らぬ顔で、久しぶりに家族のそろう楽しい正月を演じていたのであろう。

兼井さんへは正月以降、死にたいという電話やメールがときどき届くようになった。

「いま、わたし、一人なの。ぼうっとしていて気がつくと死にたくなっている……。」

「じゃあさぁ、会って話さない？」

「うーん……」

親に伝えるか否かは、この相談が持ち上がった当初から、精神科医、弁護士、警察等々、関係者の間では重大な課題として論議されていた。しかし、Aさんの了解なく親に知らせるべきではないという原則論が概ね勝っていた。警察は、親と一緒に来いとは言うが、それは、親に自ら話して一緒に来いということであって、第三者が本人の承諾なく知らせるという意味ではない。性的な問題は個人にとっては重大なプライバシーだ。親といえども他者には違いない。親は、彼女がこのことを最も知られたくない、かつ、最も身近な他者なのだ。

しかしながら、家族の結束や愛情が深い場合、つまり家族が家族として通常の機能を果たしている場合、家族は有力な味方やキーパーソンになりうることも事実だ。家族をいかに巻き込むかが支援のカギになる場合があるのだ。

警察には警察の考え方があって、親に打ち明けて一緒に相談に来るように勧めていたが、私たちも、この膠着状態を切り抜けるためにAさんは親の力を必要としていると考え、弁護士のところへ法律相談に行くときに、彼女に親に打ち明けたらどうかと勧めた。打ち明けるメリットがいかに大きいか。彼女が被害者であると警察に認めさせ、プロダクションを訴え、出回っているDVDを回収しネットの動画を削除するために、親を巻き込むことがいかに有利に働くかを伝えた。けれども彼女は峻拒した。彼女のかたくなさを前にして、これ以上この話を進めたら、せっかくつながっている彼女とのか細い糸も切れてしまう恐れがあった。どんなにか細くとも、つながった糸を切らさないことのほうがこの際大切なことなのだ。しかし、正月をまたいで数カ月の紆余曲折はあったものの、結局のところは、私たちが親に話すことを示唆したためか、糸は切れた。

警察で味わった絶望を、支援者が追い打ちをかけるように、再度、味わわせてしまったのである。

†メールも電話も途絶える

私たちは初秋にAさんに会い、特に兼井さんとは、なにかにつけて、「かなちん、かなちん」と連絡をよこす間柄になっていた。それが、年が明けて、厳冬の頃、メールも電話も途絶えた。糸が切れていった経緯を振り返ってみたい。

親はその分野では著名な人であったので、住所はわからなくても私には連絡を取る手段はある。私は、彼女の了解を得ないままに、親に知らせる手紙の文案を作成してみた。書いては消し、消しては書く作業に数日を費やし、切手を貼って投函するばかりにした封書を目の前にして数日を過ごした。この手紙は、投函すれば確実に親の元に届くだろう。

彼女のプライバシーが大切か？　彼女のプライバシーを踏みにじっても親をキーパーソンにして彼女をどう守るかを親と一緒に検討することが大切か？　ソーシャルワーカーとして現役の頃、私は、支援の原則から外れたり、法の規定に外れるか適合するかすれすれの課題について判断を迫られるとき、先の見通しがきちんと立ち、かつ、うまくいかなかったときのリスクへの対応の見通しも立つとき、膠着状態の現況に強引に強行突破を試みたことがないわけではない。

しかし、彼女の家族関係について、親が名の知れた人だということはわかっていてもその人物の生身の人間像を知らないし、実際の家族関係もおおよその見当はついていたが詳細には知らない。そもそもまず父親にアクセスすべきか、母親にアクセスすべきかの判断材料もないのだ。そこへ彼女の了解もなく踏み込むことは、あまりにもリスクが高い。

そして、なによりのリスクは、親が知ったことを彼女が知ったとたんに、自死を試みるかもしれないということだ。これは極めて可能性の高い予測であった。そして、親が知ることと、親が知ったと彼女が知ることとの時差のなかに、私が入り込む手段がないのだ。

私は、その手紙をとうとう投函しないままに破棄処分した。

記録には残っていないが、兼井さんの記憶では、この頃しきりに電話やメールで、「死にたい。死にたい。あれが存在すると思うだけで、苦痛でしかたない」との訴えがあったという。その度に、「会って話をしようよ」と伝え、「うん、かなちんに会いたい」との返事はあるのだが、実現には至らなかった。

彼女からの最後のメールは以下のとおりだ。

「かなちん、お早うございます。先ほどY刑事から電話があって、どうしたらいいかわからずご連絡しました。」

このメールに対して、兼井さんは、「じゃあYさんに聞いてみるねー」といった何気ない返事を返している。Y刑事とは、相談に行った警察署の担当刑事で、直接的な窓口になってくれていた女性刑事の上司だ。私たちは、親と一緒に来いと警察からは言われつつも、なんとか一点突破の方向は取れないかと、これらの刑事さんたちと接触を続けていたのであった。

このメールを最後に、Aさんからのアクセスも、こちらからのアクセスへの応答も、一切ない。


Aさんと出会ってから数年が経つ。生き延びていてほしいとひたすら願う。

二〇〇件余の相談を重ねているが、そのうち、自死を確認した例は二件、未遂が一件ある。アクセスの途絶えた相談者の消息は知る由もない。生き延びているかもしれない。連絡が途絶した相談者について確実に言えることは、自死していないという保証はなにもないということだ。

ネット上ではAさんの動画はいまだに流されているし、アマゾンやDMM.comなどを通じてDVDも販売されている（二〇一六年六月三〇日確認）。彼女の動画は、性的エンターテインメントとして消費され続けているのである。

消費者は、自分が見て楽しんでいるこの映像が、強姦や輪姦、つまりは犯罪の記録だと知っているのだろうか。うすうす知りつつ、しかしそんな現実があるはずはない、なぜなら、刑法に抵触するようなわいせつ物ではない、合法的なものなのだから、と自分に言い聞かせているのではないだろうか。

2 Bさん＊未明のメール。「AVに出演させられそう。助けてください」

初秋のある早朝、四時二七分にPAPSに一通のメールが届いた。

タイトルは「AVに出演させられそうになっています」。

メールの概要は次のとおりである。

「半年ほど前にスカウトされた。いまは、AV出演させられそうになっている。契約書に判子も押した。実家の連絡先も知られている。だから、相手からの連絡を絶つことや逃げることもできない状況だ。両親に迷惑をかけるのも生き恥を晒すのも嫌。どうすればいいのかわからない。助けてください。お願いします。」

†えい！ という賭けみたいな気持ちでメールを送る

これだけの文面から読み取れる重要なことは、二つ。事態は切迫しているということと、本人はどうしたらいいのかわからないでいるということだ。

朝の四時二七分という時間が、この女性にとって通常の活動時間帯なのかどうか判断しかねた。いちばん想像しやすい状況は、彼女は一晩中かかってネット検索をし、ＰＡＰＳのホームページに辿り着いた。辿り着いたものの自分が相談していいサイトかどうか逡巡を重ねた挙句、未明の四時半にようやくアクセスした、ということではないだろうか。ちなみに、真夜中や未明にアクセスしてくる例は少なくない。

ある女性は、ネットを検索し続けてやっとＰＡＰＳのホームページに辿り着き、そこに書いてあるメールアドレスにアクセスするかどうか心を決めるのに、「最後は、えい！という賭けみたいな気持ち」だったと語っていた。辿り着きはしたものの、「えい！」と賭けられなかった人も多いことだろう。都道府県などの冠がついた名の知れた公的機関ならいざ知らず、私たちのように何者とも知れない団体に、自分の重大なプライバシーに関わる相談をしようと決意をする。そのハードルの高さはたいへんなものだと思う。にもかかわらず、助けを求める切望の気持ちのほうが勝ってアクセスしてくるのだ。ほかの女性に初回アクセスのときの気持ちを聞いたところ、決め手になったのは、自分と似たような事例の具体的な記載がホームページにあったことだったという。

Ｂさんは祈るような気持ちで未明にメールを打ってきたのだろう。

二時間後、六時三九分に兼井さんがＰＡＰＳから返事のメールを打った。

私たちのホームページに相談のアクセスしてくれたことに謝意を述べ、アクセスすること自体ものすごく勇気とエネルギーのいることなので、その勇気、決断に共感を示した上で、具体的な話を聞きたいからお会いしたい旨と電話番号を知らせた。すぐに夕方電話したいと返事があった。

電話が来る夕方よりも前に、Bさんにぜひとも知らせておかなければならないことがあった。兼井さんはもう一度、大意以下のようなメールを打った。

・絶対に、プロダクション・メーカー・スカウトマンの指定する場所に行ってはいけないこと。
・メールには返事しないこと。
・電話が来た場合、当面は、居留守を使って、電話には出ないこと。
・電話に出てしまうと「脅される」こともあるし、契約を解除するつもりがないにもかかわらず「契約を解除してあげる」と言葉巧みに、会う日を約束させられることもある。
・万が一、自宅まで押し寄せてくる可能性のある場合は、とにかく安心と安全が担保される場所に逃げること。
・緊急避難用の一時シェルターなどをご紹介することも可能。
・自身を責めないこと。

†面接の日程調整がなかなかできない

夕方、Bさんから電話があった。

「わたし、来月、アダルトビデオに出演するってことになってしまっていて……。絶対に出たくないです。親の住所や学校も知られていて、わたしの住所もわかっているので、怖い……。どうしたらいいのかわからないです。」

なんとなく頼りなく、心細さを感じさせる電話の調子だった。その後、実際に会ったときも印象はあまり変わらなかった。

「都内にお住まいならいまからでも会えるし、明日でもお会いできますが、ご都合はいかでしょうか。」

「いまからといっても、これからバイトに行かなきゃいけないいし……。明日は講義がぎっしり詰まっていて休めないし……。」

翌日の昼休みに電話してくれることになった。

翌日、約束どおりBさんから兼井さんに電話があった。初回面接の日程を調整しようとするのだが、バイトのシフトを聞いてみないと予定を入れられないと言う。バイトは、福祉施設の宿日直で、直前になって職員や他のバイトさんの都合によって日程変更が入ることはよくあり、学校の講義や行事に差しさわりがないかぎり、バイト先の都合に合わせているという。

Bさんが、学業とバイトを最優先していることは、その時点で理解できた。アダルトビデオ出演が来月のいつ予定されているかわからないが、いまは、月末近い。事態は相当緊迫していると思われ、こっちが最優先であろうにと思うのだが、なぜだか、何をさておいても相談にとんでこようとはしないのだ。

講義の合間や、夜遅くだったら電話ができるとのことだったので、仕方がないのでメールのやり取りと電話を何回かして経過と状況を確認した。

†充実した学生生活を送っていた

Bさんから電話とメールで聞き取った経緯の概要は以下の通りである。私たちの経験で言うと、通常は電話とメールだけではこれだけ詳しい内容はあまり伝えてこない。それだけ切羽詰まり、縋りつくような思いがあったのではないかと推測する。切羽詰まった思いと、いますぐしなければいけないことができない、というちぐはぐさには違和感があるが、このような違和を感じさせられる相談依頼者はBさんばかりではない。このことについては、あらためて後述したいと思う。

彼女は地方出身の短大二年生、先月二十歳になったばかりだった。親からの仕送りだけでは足りないのでせっせとアルバイトをし、学生寮に入居していた。専攻は福祉系。したがってバイトも、学校から紹介された福祉系の施設の仕事を選んでいる。趣味は軽音楽でそのサークルにも入っている。

学生として、まじめに講義に出席していた。人望があるということだろう、学生委員なども引き受け、秋の大学祭の実行委員でもあった。将来は順調に行けば福祉系の仕事に就くつもりだったが、一方では、タレントかモデルになることも視野に入っていた。要するに、充実した学生生活を送っていると推測された。

二年生になったばかりのこと、都内のある大きな駅の構内を、ギターを背負って歩いているときにスカウトされた。スカウトによって芸能界に入り成功している人は、確かにいる。

「わたしみたいな（地方出身の）者がスカウトされるなんて、なんだか夢みたい！　って、そのときは舞い上がるくらいに嬉しかったです。」

「じゃあそのスカウトされたときから、来月にアダルトビデオ出演の話が決まるまでに半年ぐらいの期間がありますよね。その間に、事務所の人たちといろんなやり取りをしていると思うけど、何があったのかを時系列で教えてくれない？　バイト先の日程調整をするまでもう二、三日かかりそうだし、私たちのほうでも何ができるか考えてみたいから、教えてもらえるとうんと有り難いのですが。」

最初のSOSのメールから三日目の真夜中、詳細な時系列の記録がメールで届いた。

その二日後、やっと都内某所で午前中から兼井さんが面接することができた。最初のメールから五日目だ。

面接する場所の立地条件、室内の物理的環境等は極めて大切だ。アクセスしやすくてかつ目立たず、会話の内容が他者に聞き取られない、安心できる部屋の用意が必要だ。喫茶店で会っておしゃべりというわけにはいかないのだ。

この時点では、事態はもっと深刻になっていた。現在住んでいる学生寮はその日付けで解約している。だから、今夜から行くところがないのだという。

面接の冒頭で、Bさんは、以下のように訴えた。

「メーカーやプロダクションとわたしとのいまの関係は、(撮影のための) わたしの来週の日程は空いていないと答えたままで終わっている状態です。メーカーと契約をして十日も経っていないから、もうじき、プロダクションかメーカーから連絡が来ると思うけど、わたしには、どうしたらいいのかまったくわからない。ただ、アダルトビデオに出演するのだけは嫌です。」

「じゃあ、ともかくも、いままでどんなことがあったのか、あなたが送ってくれたメールをもとにして、聞かせてくださいね。」

時系列の記録をもとに、そのとき何が起きたのか丁寧に聞き取りを行った。いままでの経緯を再度確認しつつ、必要に応じてそのときどきのBさんの気持ちを聞き取っていった。

Bさんが書いた記録は、のちに偶然入手できたプロダクション側の記録とも事実は一致していた。ただ両者の理解や目的は、ずれている箇所があったけれども。

†スカウト、ヌード撮影、ジム通い、契約

《 》内の文面がBさんがメールで送ってきた内容。《 》外が私たちが直接確かめた内容である。

《四月：山手線の大きな駅の構内で芸能界に興味ないかとスカウトされる》

先にも書いたように、Bさんは自分にスカウトマンから声がかかるとは夢にも思ってもいなかったので、これでひょっとしたら芸能界に入れるかもと考えたという。

《五月：社内のプレゼン用として、着衣・水着・トップレス・ヌードのスタジオ撮影》

芸能界に入るのにヌード写真が必要だったことについて、Bさんは以下のように述べている。

「トップレスやヌードになるときにはためらいがあったけど、女が芸能界に入るためには必ず通る道なんだと思って……だから、あんまり不思議に思わなかった。」

プロダクションはこの撮影を、プロモーションの策を練るためのテスト撮影と位置づけている。Bさんは芸能界に入ってタレントへの道が開けるという理解だったが、プロダクションは最初から、アダルトビデオの女優として売り込むつもりだったようだ。

《五月：テスト撮影の結果、プロダクションの採用に向けてシェイプが必要との結論で、ジムに登録することを勧められた。登録料や会費約七万円はBさんが持ち、指導料約六万円は事務所持ちで、期間は約一カ月》

プロが撮った写真を見て、体形等チェックしながら、ここはもう少し細くしたほうがいいねとか、ここも、もう少しシェイプアップが必要だねとか言われると、いよいよホントに芸能界に入れるのだという気分になったという。こうして、Bさんは約一カ月の間、二十回ほどせっせとジムに通い、シェイプアップにいそしんだ。

後日、Bさんの行動パターンがわかるにつれて、兼井さんは、Bさんはこの期間は講義を休み、バイトも休んでいたのではないかと推測している。私たちや弁護士との日程調整には非常にてこずったのに、プロダクションの提示するプログラムをこなすことには極めて熱心。それだけに懸けている夢は大きかったのだろう。

のちに、プロダクションはこのジム通いについて、双方の合意だったよねと念押しをしている。この点に関しては、Bさんも合意したと認識していた。確かに合意はしていただろう。ただ、何のためのジム通いか、両者の目的意識は異なっていたと思われる。

《六月：二回ほどプロダクションの事務所へ行きシェイプアップの進行状況を報告した》

《七月：〇〇海岸にて、着衣と水着の素材撮りを行う》

《七月：事務所の仮採用が決まる》

《七月：顔のプチ美容整形の指導を受ける》

海岸での撮影にはカメラマンだけでなくメイクも同行し、だんだんと本格的になっていき、食事会にも誘われて楽しかったという。ただ、客観的に見れば、体形や顔の造作には注意が払われているが、Bさんが芸能界に入るためのその他の素質を見ようとしていないのが不審に思われるが、彼女自身はまったく疑問に感じなかったようだ。

《八月初旬：採用の合否決定日の日、まだ判断材料がほしいと先伸ばしになる。判断材料の一つとして映画の台本の読み合わせを行った》

そのほかに舞台を見に連れていかれたりもしている。

《八月：本採用、契約書を交わす》

この月、Bさんは二十歳になっていた。

†「専属芸術家契約書」を解約されるのが怖かった

契約書のタイトルは「専属芸術家契約書」。Bさんは、この契約書の内容を比較的覚えていた。メールでその概要を以下のように伝えてきた。

《所属者の創作の権限の一切は事務所にある。契約期間は三年（?）。所属者が事務所に不利益を与えた場合は～（失念）などといったものだった》

契約書の問題は補遺で詳しく述べるが、Bさんはこの契約書に、あまり不審の念を抱かなかったようだ。

《八月：営業に行くためのリハーサル》

営業に行った際によくされる質問内容例の用紙に記入をした。Bさんのスリーサイズ等のスタイルの基本情報、好きな食べ物や趣味、特技などのほかに、性体験の有無やセックスは好きかなどといったものもあったとのことだ。記入する際には、そういうことも聞かれるのかと思う程度で、特に怪しいとは思わなかったという。

《八月：目の周囲のプチ整形》

Bさん自身は、あまりプチ整形はしたくなかったとのことだが、この時期には、プロダクションの言うことに逆らうと契約を解除されるのではないかと、ただただそのことが恐ろしく不安だった。嫌だと思っても、ここを乗り越えなくちゃ芸能界に入ってタレントにはなれないと頑張ったのだという。

第三者の私たちから見れば、プチ整形以降、プロダクションがしようとしていることがもっと明確にわかるようになる。けれども、Bさんは芸能界へ入れるという夢を追い、現実に起きていることは、たとえそれを見ていても重要なことじゃないとスルーしてしまう。そんな循環ができてきたように思われる。

なお、プチ整形には二十万円近く費用がかかっている。プロダクションの立て替え払いで済ませた。本格的に活動を始めればこんな費用はすぐに返せるようになるからとの説明に納得している。のちにプロダクションは、目の周囲は本人も自分の顔貌のウィークポイントと自覚し、手術には賛成していたと主張していた。

《八月末：マンションを内覧し、契約》

プロダクションは、Bさんの住居が学生寮のため、今後のタレント活動をする上で非常に不便だからと主張し、学生寮を引き払って活動に便利なところに引っ越したらと提案してきた。Bさんもそうだなと思い、あらかじめプロダクションが選んでいたマンションを内覧し、契約した。契約のための初期費用や家賃約五十万円はBさんにはとても支払えない額だったが、ここでも活動を始めれば大丈夫だからと説得され、プロダクションが立て替え払いをすることで承知した。形式的にはBさんが契約当事者になり、頑張って支払っていかなきゃ、と思ったようだ。

《九月初旬：マンションの鍵の受け渡しや荷物の搬入だけとりあえず行う》

《九月：スタジオにて、宣伝用の撮影》

スタジオで着衣・水着・トップレスなどの宣伝用の写真を撮影。

《九月（二〇日過ぎ）：メーカーのオーディション面接と契約》

Bさんは、あくまでもオーディションと聞いていたのに、実際に面接してみたら、すでにことは決まっているかのような運びだったのでびっくりしたという。が、この時点でもまだBさんは夢を捨てきれず、言われるままに、質問にも答え、メーカーとの契約書にもサインをし、免許証のコピーを取らせている。

契約書のさらに細かい内容を書くシートは、プロダクションの人が、顔出しやコンビニ雑誌での宣伝はOKかなどの質問にOKを書き込み、Bさんは、ただ、サインをするだけだったという。契約書と出演内容シートの副書（写し）はもらっていない。

メーカーからの質問は、Bさんの記憶では以下のような内容だった。

「本番は大丈夫か。フェラはできるか。玩具などは使用可か。凌辱プレイはできるか。複数プレイはできるか。生中出しはできるか」など。

この質問の内実を、そのときにどの程度実感を持ってBさんが理解したか若干心もとないものがあるが、ともかくも、自分がさせられそうになっている〝タレント活動〟は、アダルトビデオ出演のことだと、初めて現実を見ることができたようだ。

メーカーと契約してすぐに、Bさんは来週の予定を聞かれ、実際に空いていなかったので、空いていないと答えた。特に、このやり取りが、契約の執行が迫っていることを自覚した瞬間だったようだ。

この契約をしたあとの二、三日間は迷い、考えて、PAPSにSOSのメールを打った。その内容は最初に書いたとおりである。

†今夜からプロダクションの用意したマンションに行くつもりだった

さて、こうしたメールを読んだ私たちは、これはどうやら差し迫った状況にあり、弁護士の介入が必要だと判断した。面接の日程は整っていなかったが、Bさんの意向は保留にしつつ、先に述べたNPO法人ヒューマンライツ・ナウの存在を探し当て、I弁護士に連絡を取り事案の事前相談をしていた。

面接で一応の経緯を聞いたあと、これから支援をしていく上で大きな力になりうる家族との関係を聞いた。地方の実家に両親が健在だ。上京して短大に入学するについては、親に仕送りはしてもらうがそれだけでは足りないのでバイトをすることになっており、先に述べたように福祉関係のバイトに励んでいた。ちなみにこのバイトは、プロダクションの示唆により来月いっぱいで辞める方向で交渉中とのことだった。

親との関係についてのプロダクションのサゼッションは、「事務所所属決定などの親への報告は、大きな仕事が決まってからにしようね」であり、だから「いま現在、両親は何も知らない状態」という。

困惑し果てて言ったBさんの言。

「いまは、(アダルトビデオ出演は)親には知られたくない。娘としてこんなことになってしまってとても情けない感じです。契約を解除されたくない一心でいろいろなことに関わってしまったが、とても伝えられないし、相談もできない。でも、この後始末にお金が必要なら、親には嘘をついてでもお金を借りようと思っている。プロダクションには一〇〇万円近く借金になってしまっているし、仕事を拒否できる立場にないことがとっても心配……。請求されたって、払えないし……。」

さらに、状況を聞き込んでいくと、もっととんでもないことになっていた。

プロダクションから一人暮らしをするよう勧められ、九月にはマンションを借りる契約をし、すでに荷物の搬入は終わっていることは事前のメールで知っていたが、学生寮は初回面接したその日で退寮する手続きを取ってあり、以後はプロダクションの用意したマンションで暮らすことになっているというのだ。

女性の住居をプロダクションの支配下に置くというやり方は、他の人からも聞いている。女性の生活そのものを囲い込んでしまうのだ。これを囲い込みと言うのか、女性の生活安定のための住居提供と言うのかは、評価の分かれるところだが。

†どうしたらいいのかわからない、を整理する

プロダクションの一方的な誘導でどんどん物事が決まっていく。Bさんは不安を覚えたが、それでもこの時期にいちばん心配したことは、やっと契約にまで辿り着いたのに、せっかくの契約自体を解除されることだった、と何回も繰り返していた。ここを乗り越えていけばタレントやモデルへの道が開けていくと。

兼井さんは、Bさんの危機感の無さに啞然とせざるを得なかったが、ともかくもその現実から出発する以外にない。

Bさんの状況認識は混沌としており、何を聞いても、「どうしたらいいかわからない、でもアダルトビデオには出たくない」と言うのみだ。まず、何が問題かを整理する必要がある。その上で、今夜からどうするかを話し合っていくことにした。

そこで、Ｂさんが解決したいと考えていること、困ったと思っていること、自分にできると思うことなどを、面接しながら文章にして整理していった。何をどうしたいかということを本人の言葉で言語化する作業を第一に行ったのである。これはＢさんと支援者兼井さんが共同作業をし、信頼関係を築くという意味合いもある。しかし、それ以上に、この作業をすることで、Ｂさん自身が、それまではわけもわからずに困惑し混乱していた自分の相談ごとについて、より自覚的になれたのではないだろうか。

［いま、困っていること］
・どうしたらいいかわからないけれども自分で解決していきたい。
・芸能界には憧れがある。ＡＶに出てしまうと汚点になるから、どうしてもＡＶには出たくない。
・契約の解除をしたいがプロダクションが怖い。
・プロダクションが用意したマンションを解約したいがお金がない。
・学生寮は本日で退寮になっているのでマンションに行かなければならないが怖い。
・初期費用のかからないシェアハウスのような次の住まいを見つけたい。
［いま、恐れていること］

・契約を破棄したいと言ったらプロダクションに何をされるかわからない。
・学校やバイト先を知っているので嫌がらせをしてくるかもしれない。
・両親の住所・氏名・電話番号を知っているので金銭的な要求や嫌がらせをしてくるかもしれない。
・トップレス、ヌード写真がネットに流出したりするかもしれない。
・これまでにかかった一〇〇万円くらいの営業経費や違約金の請求があるかもしれない。
［いま、したいこと、したくないこと］
・マンションを解約したいがお金がない。
・とても情けないし、心配かけたくないから、両親には知られたくない。
［支援者の提案］
・プロダクションからの電話等の連絡には一切出ないこと。
・プロダクションが用意したマンションには住まないこと。
［Bさんの提案］
・当面必要なお金は両親から別の名目で借りようと思っていること。

こうして整理してみると、ある程度段階を踏んで前へ進むことができるように思われる。

しかしこの整理は一緒に考える支援者がいるからできたのだ。おそらくBさん一人では整理しきれず、ただただ困り果てている状態が続いてしまったであろう。

†とにかく今夜寝られるところを探す

聞き取りと課題の整理の作業に午前中いっぱいをかけ、午後は今日から現実的にどうするかに奔走することになった。

兼井さんと話をするうちに、Bさんは事態の深刻さがだんだんわかったらしく、顔色が変わっていった。

「わたし、どうしたらいいかわからない……。マンションに行くのはやばいと思っていたけど、こんなにやばいなんて思わなかった……。」

と繰り返すばかりだった。

午前中から始まった面接相談は、午後は家探しに終始した。あちらこちらの民間団体のシェルターなど数日宿泊できる所を必死で探した。

Bさんは明日の講義に出席できるかどうかをしきりに気にする。なので、どこでもいいというわけにはいかない。一日、二日のことであれば安いビジネスホテルもあるが、しかしそれでは先の展望がない。

今夜の行き先を探しながら、Bさんが地方から上京してきて入っていた学生寮について再度詳細に聞きこんだ。Bさんは「学生寮」と言っていたので、てっきり大学付属の学生寮かと思っていたが、実際に入寮していたのは地方自治体がその地方出身の学生のために東京に設置している学生寮だとわかった。それなら、次に入寮する人が決まっていないかぎり、交渉の余地はある。短大に知られることもないし、雑多な学生が利用している学生寮なので、今朝退寮して夕方もう一度戻る口実はなんとでもつけられる。交渉して、とりあえず今晩もう一晩使用していてもいい許可をもらった。翌日、兼井さんはBさんと合流して、二人で舎監さんに会い、行った先のマンションの隣人はとても怖い人で耐えられない、もうしばらく置いてほしいと交渉し、この交渉は成立した。

「舎監さんは親切なおばさんで仲良しだから、あとの先延ばしのお願いはわたしにもできます。」

卒業まであと半年だ。学生寮以外に行く先が見つけられない理由はいくらでもある。

次の問題は、プロダクションが用意したマンションだ。マンションには彼女の荷物がすでに搬入済みだったので搬出しなければならないし、マンションの契約はBさん名義で行われているので解約もしなければならない。

「わたし、不動産屋さんとそんな話、できない……。どうすればいいんですか。」

いちばんの心配は解約料を取られること。そんなお金はないのだ。不動産屋との交渉は、兼井さんが一手に引き受けることになった。Bさんは不動産屋へ行くことさえ怖がった。

問題は、マンションを借りるための初期投資はプロダクションが立て替え払いをしているので、入居契約をしたにもかかわらず事前通告期間もなく即座に退去するという要求が通るかどうかであった。通常は違約金を請求される。不動産屋は、契約書を根拠に家賃三カ月相当分を支払わないと解除に応じないと主張する。兼井さんは、やむを得ない事情がある場合には解除できるとの条文があるではないか、これを適用できないかと粘った。

ダンボール数箱を搬入したきりで居住事実はまったくないので、押し問答の末、不動産業者はBさんが渡されていたカギを受け取った。部屋の明け渡しは認めるが、契約の解除ではないということにはなったが。しかし、そもそもこのマンションの契約はプロダクションが主導して行ったものであり、Bさんは形式的に関与しているに過ぎない。あとはプロダクションと不動産業者とで交渉してもらえばいいので、さっさとカギを不動産屋に返し、荷物の搬出を行った。

兼井さんがレンタカーを借り、Bさんと二人で必死に荷物の搬出作業をした。いつプロダクションの人間が現れないともかぎらない。二人ともあまりにも必死だったので、作業のこと以外にろくに言葉も交わさなかったという。

目の前の危機が遠のくと

Bさんがマンションから出て行った先はプロダクションに知られていないが、次に彼女が心配したのは親と学校のことだった。

事実、Bさんのマンションがもぬけの殻になっていることを知ったプロダクションからは、親に連絡しようかと思っているというメールが届いた。驚いたBさんは兼井さんに電話で知らせてきた。

「あの人たちは親にホントに連絡してこないでしょうか。そうなったら、バレちゃうし、困る……。このこと、親には知られたくないです。」

プロダクションが親に連絡するかどうかはわからないから、様子を見る以外にない。

「私の短大がどこか、場所を知っているから、門のところで待ち伏せされたらどうしよう……。怖い……。」

「そんなときには、校内に逃げ込んでね。そして知らせてちょうだい。」

Bさんはそれで納得したようだった。

弁護士の介入が急がれた。しかし、Bさんは、ともかくも差し迫っていたAV出演の可能性が遠のいたことで安心してしまったのかもしれない。彼女にとっての優先事項は、学業を続けることとそのためにバイトを続けることにシフトしてしまった。卒業まであと半年頑張ればいいのだ。大学を卒業するために上京してきているのだから本来の目的に戻ったと言えば言えるが、しかし、事態は解決したわけではない。プロダクションとの関係を整理しなければならないし、トップレスとヌードの写真も回収したい。

しかしBさんの相談モチベーションは次第に下がっていった。メールや電話のやり取りは、弁護士との相談の日程調整の事務的なものになり、実際に会うこともなくなった。したがって、Bさんの肉声はだんだん聞こえにくくなってしまった。

大学祭等の学校行事が重なる時期でもあって、Bさんの学業とバイトとの都合で、弁護士との日程調整は困難を極めた。たいへんイレギュラーなことではあったが、着手金を払い込むことで、弁護士は、Bさんと直接面談することなくBさんの代理人になって、プロダクションと契約解除の交渉をすることになった。交渉の日、Bさんは出席せず、兼井さんと筆者が同席した。

都内のさる場所を確保し、面会に臨む。どんな強面の人が現れるかと思い、こちらはギンギンに緊張して身構えて臨んだのだが、現れたのはごく普通のサラリーマン風の若い男たちだった。私たちが知っているだけでもすでにプロダクションは賃貸マンションの敷金礼金をはじめとして一〇〇万円近く出費（投資）しているので、なんとかこれを取り戻したいと考えていたことだろう。ただ弁護士と一緒に面会した印象では、法的な理屈で攻め込まれて、これ以上大ごとにしないで収めたい意向のほうが強くなったと感じた。

結局、和解書を締結することもなく、一〇〇万円もうやむやのままに終わった。

Bさんからはふっつりメールや電話での連絡が途絶えた。マンションから荷物を搬出したときが、兼井さんとBさんとが直接会った最後になった。

弁護士への弁護料の支払いが、着手金以外に残っていた。弁護士からクレームが来た。謝るしかなかった。ヌード写真の回収はできていない。

三年後の秋、久々にBさんからPAPSの公式メールに連絡があった。

「あのときは大変お世話になりありがたかった。でも、あの問題を思い起こすすべてのことがいやになって、メールや電話番号を消してしまった。いまは、地元に帰って落ち着いて生活している。」

プロダクションに自分の人生の夢のすべてを託していたBさんにとって、それが罠だったとわかったときの落胆と怒りは、思い出したくもない悪夢だったのだろう。三年の歳月を経て、ようやくPAPSに連絡を取る落ち着きを取り戻せたのだろうと思われる。

3 Cさん＊「家の外になんだか変な男たちがいる」。真夜中の支援活劇

ある月末の夜遅くCさんからPAPSにメールが届いた。あとで彼女に聞いたら、「AV」「違約金」というキーワードで検索していて、PAPSのホームページに辿り着いたと言う。メールの概要はおおむね以下の内容だった。

「私自身も悪いのだが、AV撮影もすんでおり、近々発売される。なるべく早く解決を希望。電話相談をしたいです！」

最後のエクスクラメーション・マークから若い人らしい切迫感が伝わってきた。三十分後に兼井さんが返信をし、こちらの電話番号を教えた。すぐに電話がきた。

†最初はナンパかと思った

翌月、といっても明後日の二日と三日には、有名な男性雑誌のグラビア撮影、その後すぐにアダルトビデオの大手メーカーからDVDの発売、という日程になっている。グラビア撮影は嫌だ！　DVDの発売は中止したい、という相談だった。

日にちが迫っており即刻動く必要があった。

「いつでも、どこへでも、行きますから、なんとか相談に乗ってください。」

おろおろとして、ほとんど泣いているのではないかと感じさせられる調子だった。

私たちには自前の事務所がない。急遽、しかるべき面接室を手配し、翌日午前に、兼井さんがCさんに面接した。同時に筆者にも緊急事態が発生したとの連絡が入り、自宅にスタンバイする。

時刻通りに、カジュアルな身なりだけれどすっきりしたスタイルの小柄な女性が現れた。かなり憔悴していたという。

アダルトビデオにはこれ以上もう出演したくない。街を歩いていて〝女優名〟で呼びかけてくる人に会い、怖くて外にも出られない状態だ、とCさんは訴えた。


撮影が始まったとき、Cさんは短大生だった。いまは卒業している。現在の職業はわからない。住所は東京近郊の都市で、両親と同居している。

Cさんによると、アダルトビデオの撮影をすることになったことの経緯は次のとおりだ。

二年前の冬、高校の学校帰りに、東京近郊の大きな駅の改札口付近で若い男に声をかけられた。彼女は制服姿だった。三年生だったが、法律的に言えばまだ児童年齢、つまり十八歳未満。あと二ヵ月ほどで十八歳になるところだった。

「ねえ、ねえ、君、ちょっと僕の話を聞いてくれない?」

最初はナンパかと思ったとのことだった。

「ナンパなんかじゃなくてぇ、僕、芸能界のスカウトやってんだよ。きみ、タレントやモデルに興味ない?」

アイドルやタレントに興味はあった。AKB48に憧れていて、そんなふうになれるチャンスがあればいいなあ、でも自分には無理よねぇとも思っていたところだった。スカウトマンは誠実そうなイケメンで、話を聞いてみたいと思ったという。その日は友だちと会う約束になっていたので、メールアドレスの交換をして別れた。

スカウトマンからは週に数回は、お茶しない? というメールが来た。アイドルの女の子たちの話を聞いてみたいと思い、たまには喫茶店で会ってお茶をおごってもらうこともあった。

いま話題になっているアイドルの子たちの話が中心だ。

「アイドルやタレントになるには、年齢が大事なんだよね。十八歳未満の子どもだったら、親の承認がいるからさあ。」

学生証を見せた。ちょうど十八歳になったばかりだった。

「君だったら、いますぐにでもグラビアのアイドルになれる。」

うっそぉ、と思った。そんなにすぐにグラビアに登場できるなんて信じられないとも思った。スカウトマンは、君には素質があるから、プロのメイクやカメラがつけば大丈夫だよ、と請け合ってくれた。プロの人が整えてくれれば、できるかもしれないと思った。

†グラビアアイドルにもいろいろある

ちなみに〝グラビア〟にもいろいろある。男性向けのきわどい性的なものから女性向けのファッション系のものまであるが、Cさんのグラビアアイドルのイメージは、女性雑誌によくあるソフトで可愛い女性のモデルだ。

ほどなく高校を卒業して短大に入学した。

スカウトマンを通じて紹介されたプロダクションの人に言われるままに、第一次の「営業委託契約書」なるものにサインをした。

Cさんは、内容はよく覚えていないが、アダルトビデオの出演という記述もあったように記憶している（実際にはこの契約書に「アダルトビデオ」という記述はなかった）。また、「営業委託」という用語の意味もよく理解していなかった。けれどもそれは、のちのちになってわかったこと。この時点では自分がわかっていないということも理解していなかった。

交わした契約書の説明で、Cさんが覚えていたのは断片的なことだった。

「芸能事務所のYさんは、契約の内容についてはあとで修正することができるからとか、絶対にバレないし、バレないようにするから大丈夫、君、短大に進学したんだろ、プライベートは重視するから、なんて言ってたけど……よくわかんない。」

いずれにしても、怪しい内容を含んでいるなどということはわからなかったし、そもそも当時Cさんは、十八歳以上ではあったが二十歳未満の未成年で、この年齢では親の承諾なしに正規の契約はできない。しかしもちろん、そんなことは知らなかった。

プライベート重視という言葉が、とりわけ印象に残った。学校に通いながらできるタレント活動だとCさんは理解していた。バレるとかバレないという説明の意味はあまりよくわからなかったという。そもそも、「バレる・バレない」ということが重要な意味を持つことになる事態を、想定できなかったようだ。

†着エロのイメージビデオを撮影

契約後、都内のスタジオで、宣伝用の写真（宣材写真）として、トップレスの写真を撮られた。さらに、「AVのギャラを上げるために」とか「AVメーカーの面接を受かりやすくするために」という理由で、雑誌のグラビア活動をするように言われ、なんとなく、あれ？　とは思うのだが、特に嫌だとは言えなくて流されてしまった。

秋には、着エロ（着衣でのエロの意。限りなく露出度の高い水着を着て、性的な行為をイメージさせる姿態を撮る）のイメージビデオの撮影が行われた。このビデオは、アダルトビデオ独特のタイトルがつけられて、暮れに発売された。

このイメージビデオの撮影では、極めて性的で屈辱的なポーズを要求されて、自分がやらされようとしていることがはっきりわかったという。プロダクションが言う〝タレント活動〟や〝グラビア〟とCさんが考えていた〝タレント活動〟や〝グラビア〟とは、その内実がまったく異なっていたのだ。まったく異なっているという兆候は、契約書を交わす前からなんとなく感じられたのだが、それでも、〝タレント活動〟〝グラビア〟という言葉は魅力的だったようだ。

しかし、初めてイメージビデオを撮られ、その内容を実感し、もう嫌だと思った。思い切ってプロダクションに申し出た。

「わたし、この仕事は向いていないですし、やりたくないから、辞めさせてください。」

「辞めたいって言ったって、君、契約書に署名捺印してるじゃない。契約解除はただじゃ済まないんだよ、知っている？」

「契約したけど、それ、取り消したいです。」

「解約はただじゃ済まないって言ったろ。イメージビデオの撮影はまだ一本だけど、それでも違約金は一〇〇万円だよ。払える？」

Cさんは、一〇〇万円という違約金の金額を聞かされて驚愕し、恐怖で頭が真っ白になったという。とても支払えない金額だし、内容だって親には相談できない。しかもプロダクションは、支払えないなら親に請求する方法だってあるようなことを言う。

それでもCさんは学業が忙しいことを口実にして、連絡が来ても応じないように頑張った。

数カ月後のある日、二本目のイメージビデオの撮影を要求された。

プロダクションは、Cさんと相談もなく大手のメーカーと出演契約を取ってきており、契約した以上仕事だろと怒鳴りつけ、断らせなかった。結局、着エロのイメージビデオがさらに二本撮影され、この二本は最初の一本目よりもっと露骨なタイトルをつけて売り出された。男性雑誌用のグラビア撮影も数回行われた。

Cさんは、契約書を交わしたとき、現在の容姿を維持することはとても大切なので、食生活や体調管理をしっかり行うように注意されていた。二度目のイメージビデオ撮影や数回にわたるグラビア撮影が行われるようになると、プロダクションによるCさんの生活管理が激しくなり、体重測定した結果を毎日スマホで送るよう要求したり、何を食べているか送るように言い渡されて、Cさんはその要求に従っていた。体形管理のために、定期的にカメラの前で裸にされて撮影もされた。

†第二次契約を交わしアダルトビデオ九本の出演が決まる

二十歳になると、プロダクションと第二次の「営業委託契約書」を交わした。この契約書の内容は、最初に取り交わした契約書の内容とほとんど変わらず、「アダルトビデオ」という文言が入っただけものものだった。また、Cさんになんの相談もなく営業して決めてきたメーカーとの契約もさせられた。アダルトビデオ九本に出演するという内容だった。

プロダクションから、学校やアルバイトのスケジュールを提出するように言われ、アダルトビデオに出演させられるんだ、とCさんは覚悟せざるを得なかった。「違約金を払え」と「親に言うぞ」という脅しによって、なすすべもなかったという。

実際の撮影では、照明、録音等スタッフのいる人前で知らない男性との性交行為を要求されること自体が屈辱で、気持ち悪かった。さらには、知らない人にその映像が見られてしまうことに恐怖を覚えたという。

数回の撮影ののち、どうしても我慢できなかったので、再度、契約取り消しを申し出た。

そのときには、違約金は一〇〇〇万円に跳ね上がっていた。撮影を体の具合が悪くて休んだら、Cさんの自宅付近をプロダクションの男らしい人にうろうろされたあげく、Cさんは呼びだされた。よけいに恐慌状態に陥った。

お金に困っていたわけではなく、お金をもらっても嬉しくなかったと強調して言う。また、決して有名になりたいわけでもなかったのに、とも言う。このようなことが永遠に続くかと思うとあまりに辛く、最初に述べたようにインターネットで「AV」「違約金」で検索をしてPAPSを見つけて、これ以上もう出演したくないと必死の思いで相談してきたのだ。

その後何度か行われた面接で、Cさんは、数回にわたったアダルトビデオ撮影の状況を、身体的に激痛を覚えたこと、精神的にどんなに屈辱的な思いをしたかということ、知らない人にこの映像を見られることの恐怖などを縷々語っていた。撮影時、Cさんは数人の男性を相手に繰り返し性交行為をさせられて、止めてほしいと泣きながら訴えたが、強行されてしまったとのことだった。

初回の面接を終えて、これ以後どうしたいかをCさんに確認した。

「明日以降二日にわたって予定されている男性誌のグラビアの撮影をいますぐ止めたいし、

三日後に予定されているアダルトビデオのＤＶＤの発売も中止してほしい。いま売りに出されているＤＶＤも回収してほしい。」

いまいちばん困っていることは何かと聞くと、以下のように答えた。

「一〇〇〇万円の違約金を請求されています。こんなお金払えません……。親には絶対に言えません。以前、体調不良でお休みしたとき、（プロダクションの人が）自宅の近くまで来て呼び出されたことがあるんです。そのときには、親に言うぞと脅されました。親には知られたくないんです。特に母親は病弱なので心配かけたくない。プロダクションとのＬＩＮＥのやり取りは、もう見たくもなかったので、すべて消去してしまいました……」

本人の了解のもとに、その場からプロダクションに電話を入れた。

Ｃさんといま面接をして話を聞いている「ポルノ被害と性暴力を考える会」の者であること、Ｃさんは、×月二日、三日に予定されているグラビア撮影には応じる意思がないこと、×月五日のＤＶＤ発売は中止したい意向であること、今後のアダルトビデオの撮影には一切応じない意向であることを伝えた。

プロダクションは、それなら親にバラすと強い口調で言い放ち、電話を切った。

Ｃさんにとって、「親にバラすぞ」という言葉は脅迫だ。Ｃさんの住所から所轄の警察署を割り出し、兼井さんはＣさんとともに赴いた。同時にかねてより連携のあったＩ弁護士に連絡を取る。

警察の生活安全課の担当者に事情を説明したが、Cさんはほとんど口もきけない状態だった。兼井さんに会って話を聞いてもらい、警察まで同行してもらい、ある種の虚脱状態だったようだ。

警察は、その場でプロダクションに電話を入れて、その行為は脅迫だと伝えてくれた。警察に事情を話したことでもあるし、明日弁護士のところに行って善後策を協議しようということにして、その日、兼井さんは引き上げた。

†プロダクションが自宅に押しかけてくる

プロダクションが、Cさんに支援団体がついたことなど、ことの経緯をどこまでわかっていたのか不明だが、ともかくも警察が介入しそうなことは知ったであろう。その思惑はわからないが、プロダクションは、これから自宅に赴くと、警察を通じてCさんに連絡してきた。警察は、民事の紛争なのでこれ以上対応できないと言った。

当然、Cさんはパニックに陥り、帰途にある兼井さんに電話してきた。

「プロダクションが、いまから、わたしんちに来るって言ってるって……。怖い……わたしは、いまは知り合いの家に逃げている。」

兼井さんは急遽、その知人宅でCさんと再度落ち合い、どうするかを話し合った。親に知られることを極度に恐れているCさんは、ものごとを落ち着いて考えられる状態にはなかったが、しかし、この場はともかくも、いちばんの当事者であるCさんに落ち着いてもらわなければならない。

プロダクションが自宅に押しかけてくると言っている以上、ただいま現在起きていることとこれまでの状況とを親に知らせなければならない。いま考えられるいちばん賢明な選択肢は、プロダクションが押しかけてくる前に、親に事情を説明しておくことである。

結局、Cさんは、昨夜からメールや電話のやり取りをし、今日一日付き合って事情をよくわかってくれている兼井さんを信頼できると思ったのだろう。兼井さんが立ち会ってくれることを条件に、親に話す決心をした。自宅に戻りCさんが事情を親に話し、兼井さんが適宜割って入って、困難な事態に陥っていることを説明した。親は状況を理解した。

さて、Cさんがもう家族のなかで孤立している状態ではないことを確認して、兼井さんは、あとは親に任せて引き上げた。しかし、帰路の電車のなかで再び、Cさんから兼井さんに連絡が入った。

「いま、家のインターホンが鳴ったの。外になんだか変な男たちがいる。親はちょっと出かけていて、家にいるのはわたし一人……。怖い。」

兼井さんはもう一度取って返した。取って返しながら、昼間駆け込んだ警察にも連絡を取った。警察は最初非常に消極的であったが、不審者対応の警ら活動の一環として、対応をしてくれることになった。

家の前には高級車が停まっていた。男が数人いて、一人の男がインターホンを押している。警察はなかなか来てくれない。やきもきしているなかで、ようやく生活安全課の警察官が数人やってきてくれた。

兼井さんは当事者ではない第三者ということで、引き離され、警察官はCさんとプロダクションの人間の双方からそれぞれ話を聞いた。「仲裁」である。兼井さんは、Cさんと警察官のやり取りを聞くことができなかったので、Cさんの携帯電話をつなぎっぱなしにしてもらい、なんとか聞き取っておこうとした。

「仲裁」に入った警察官は、契約書があって違約金が発生するのなら、あと二回だけ出演したらどうかとCさんに勧めたのである。Cさんはこの日いちばんのパニック状態に陥った。それが最もやりたくない、逃げたい事態なのだ。だから昨夜からPAPSにSOSのメールを打ち、今日は初めて会った兼井さんに相談し、警察に行くなどして一日を過ごしていたのに……。

このときのことをCさんは、のちに述懐してこう記録している。

「警察の人はプロダクションに事情を聴いたあとで、私に対して、あと二本出演したらどうですか、と言ってきました。私は〝出演したらどうか〟と簡単な問題で見られていることが悔しかったです。もし、簡単に出演できるくらいなら、誰でもがそれをやってるはずです。男性の警察官にとっては（女性としての）（筆者注：カッコはCさんがつけている）私の気持ちがわからないのだと思いました。」

結論的には、明日以降弁護士に入ってもらって相談することにし、双方解散せよという警察の言葉に従って、プロダクションは引き上げ、兼井さんもその場は引き上げた。

しかし、兼井さんには、Cさんのパニック状態のフォローと、これから帰宅してくる親への事情説明という役割が残っている。そっと裏口からCさん宅に入り、弁護士との打ち合わせについても再度話し合った。兼井さんが最終的にCさんと別れたのは真夜中であった。終電はもうない。

†和解は成立したが損害賠償請求を受ける

翌日、I弁護士にさっそく受任してもらい、プロダクションやメーカーとの交渉に入った。ほどなくメーカーとは和解が成立し、販売されているDVDは回収、新たなDVD発売のためのイベントも中止になった。CさんがSOSのメールをよこしてから一週間ほどの、スピード展開である。

メーカーとの和解成立直後、Cさんは、プロダクション側の代理人となったM弁護士を通じて、損害賠償金二四六〇万円を請求するとの通知書を受け取った。不当な要求だと判断し支払わずに交渉を続けていたが、数カ月後、プロダクション側から二四六〇万円の損害賠償を請求する民事訴訟が起こされた。裁判沙汰になったわけだが、結論から言うと、原告の請求は棄却され、被告とされたCさん側の勝訴となった。判決の論旨は、要約すれば以下のとおり。

アダルトビデオへの出演は芸能プロが指定する男性と性行為をすることを内容とするものであるから、本人の意に反して従事させることが許されない性質のものである。したがって、民法第628条により、契約を解除する「やむを得ない事由」に当たる。出演しなかったことは債務不履行には当たらない。

この判決の画期的なところは、「意に反した性行為は業務とは認められない」とした点にある。

たとえ契約を交わしていても「意に反する」と当人が思ったらその時点で契約は解除で

きるということだ。では「意に即して」さえいれば、性交行為を「業務」として認めていいのか、という問題に関しては、論議のあるところであることだけを指摘しておこう。

なお、この民事裁判では、Cさんは民事訴訟法第92条により裁判記録のすべてについて閲覧制限の申し立てをし、裁判所は認めた。かつ、Cさんが当事者として法廷に立つことを原告側は請求していたが、裁判所はそれを退けている。

現在Cさんは、高校卒業間際からの混乱した生活とはまったく異なった生活を確立し、静かにCさんらしく人生を歩んでいる。

しかし、ネットに拡散した動画や画像は、削除に努めたが一〇〇パーセントは消去できていない。

4 Dさん＊渡された一日の撮影スケジュール表。「いまさらバラせない」

Dさんは東京の郊外在住。二十歳。姉たちがいて本人は末っ子。すらりと背が高いのだが、姉たちと比べると容姿にコンプレックスがあるという。

ふと漏らして言う。

「お姉ちゃんたちはあんなにきれいなのに……。」

しっかりしているのだが、どこか投げやりな感じもある。よくできた姉たちと常に自分を比べてしまい、面接をした兼井さんによると、アダルトビデオに出演させられそうになった一件も、自分一人でちゃんと決着をつけたいという思いが強かったのは、姉や母親に頼ってしまうことでプライドを傷つけられるような、そんな複雑な思いが混ざっている印象を受けたという。

母親はパブを営んでおり、Dさんはこのお店の手伝いをしている。

†気が進まないけど、いまさらバラせない

Dさんがアダルトビデオに出演しようとしていることに気がついたのは、すぐ上の姉だった。

姉はPAPSに、概略次のようなSOSの第一報を寄せた。

「妹がAVに出演させられそうになっている。パッケージ写真を撮られたが、絡みのある撮影は当日断って出演を免れた。お金の支払いを請求されているのでどうしたらよいのか？　そもそも支払う必要のある金か？」

姉は、自分の携帯を置いた場所がわからなくなり、たまたま借りた妹の携帯におかしなメールのやり取りがあるのに気がついたという。

「いよいよ×月×日は撮影だよ。ところで、その日は生理の予定日じゃないよね。別に生理でも構わないけど、生理じゃないほうがメンドくさくなくていいからね。」

「その日はダイジョブ、ダイジョブ！」

これは明らかに不審なメールのやり取りだ。

Dさんは、姉に追及されてアダルトビデオの撮影があることを明かした。姉は、出るなと説得しようとした。しかし、Dさんは受け入れない。

「わたしだっていまはもう気が進まないけど……。全部もう整ってしまっていて、いまさら〝バラス〟なんてことできないよ。わたし一人のせいで大勢の人に迷惑かかるもの。監督からだって〝バラシ〟ちゃいけないってきつく言われているし……。」

ちなみに、〝バラス〟というのは業界用語で、すでに男優、カメラ、メイク等各スタッフの手配を済ませ、撮影するばかりに準備が済んだ現場を、撮影せずに解散（解体）することだ。現場の規模にもよりけりだが、通常は、「バラシ代」として一〇〇万円ぐらいの損害を請求される。

「撮影現場を〝バラシ〟たら、違約金がかかる。一〇〇万円ぐらいなんだって……。わたしに、そんなお金払えないし、お母さんやお姉ちゃんにお金で迷惑かけたくないし……。わたしだけが我慢すればそれで済むことじゃない？」

どうしても姉の説得に応じようとしないDさんを気遣った姉は、撮影当日の朝、妹が出かける最寄り駅で見張っていて、電車に乗り込もうとしている妹をむりやり家に連れ戻した。

その後、姉はネット検索し、ＰＡＰＳにアクセス。数日後には、本人、姉、母、の三人が面接に現れた。

ちなみに、このように家族や親しい友人や恋人同伴で相談に来る場合は少なからずある。とりあえずは一応の話を聞いたのち、当人以外の人には席をはずしてもらい、当人だけの場を設けて話を聞く。たいていは席をはずすことに同意するが、なかには強硬に同席を求める同伴者もいる。逆に同伴者に同席してもらいたいと強く要求する女性もいる。

初めて出会う人を信頼できないのは当然だ。原則的には、席をはずしてもらうのだが、同伴者の席のはずし方で、当該女性と同伴者たちとの力関係や信頼関係がわかる瞬間でもある。

†キャバクラのスカウトマンに声をかけられる

以下、Dさんから聞き取ったアダルトビデオ出演を承諾してしまった経過と結末を、若干の解説を加えつつ語ろう。

Dさんは数カ月前に、これから友達と落ち合ってカラオケに行こうと東京近郊の繁華街をぶらぶらしているときに、キャバクラのスカウトマンに声をかけられた。

「ねぇ、きみ、時給のいい仕事あるんだけど、興味ない？　この近くのキャバクラだけどさあ。」

「キャバクラあ？　興味ないから！」

さっさと立ち去ろうとするが、前に立ちはだかられた。約束の時間はもうすぐだが友達はなかなか現れない。はじめは一人だったが、そのうち三、四人の男の人が集まってきて彼女を取り囲み、ほかにもいい仕事があるよ、○市も紹介できるけど、×市もあるよ、と言われた。

「ところで、君さぁ、高校生？」

「ううん。」

「へぇぇ……。高校生じゃないんだ。いくつよ？」

ことのついでという感じで、誕生日を聞かれた。

Dさんは高校生に見られたことに若干の不満を持った。いつだって大人じゃないって見られるんだから……と。そこで、もうじき二十歳になると教えた。

「なあんだ。高校生じゃなかったんだ。高校生にアルバイト紹介しようと思ったんだけど、でも、君だったら、うんと若く見えるから、キャバクラに入ればいいお客がつくよー」

スカウトにとっては自分がスカウトしようとしている人が未成年（二十歳未満）か、十八歳未満かは重大事で、そのために学生証、保険証等を確認しようとし、できればその場で写真なりコピーなりを撮ろうとする。というのは、未成年の場合は、民法の規定により、親などの保護者の了解なしに取り交わされた契約は無効になるからである。特に十八歳未満の場合は、児童福祉法、児童虐待防止法や児童買春・児童ポルノ法にも抵触する。これら子ども関連の法に抵触した場合は、最高で七年以下の懲役、または一〇〇〇万円以下の罰金刑が科せられる。

だからアダルトビデオの関係者は年齢には敏感で、十八歳や十九歳ぐらいでスカウトした人については、二十歳の誕生日が来るまでいろいろな理由をつけてキープしておき、誕生日を迎えたとたんにアダルトビデオの撮影に入る場合がある。先に挙げたCさんがその典型例である。また、年齢確認のための学生証や保険証は、本人の身元確認のツールでもあり、つまり、本人が逃げ出さないための担保のような役割を果たす。

女性のほうはたいてい、そんな重要な意味があるとは知らずにごく軽い気持ちでそうした証明書を見せてしまうのだ。あとになってことの重大性を理解したときには、ときすでに遅く、学校や親元を知られてしまっているので逃げられない、という話はよく聞く。Aさん、Bさん、Cさんともに、住所や親の身元を知られているという恐怖は大変なものだった。

†アダルトビデオに出演する人は〝女優〟なんだ、と理解した

さてDさんは、もうすぐ二十歳になると教えた時点で、スカウトの男に若干親しみを覚えて、この日はメールアドレスの交換をして別れた。

スカウトマンからは、連日のようにいつ来られるかと連絡があり、数週間後にこのスカウトマンと○市で待ち合わせ、電車で×市に移動した。その日に、×市のキャバクラで面

談し、体験入社することになった。

キャバクラの面談が終わったあと、体験入社の日にちはあとで知らせると言われた。

スカウトマンはAV女優の仕事もあると言う。

「話だけでもきいてみよっか。」

×市の別の場所にある事務所に行った。

事務所にはマネージャーが複数人にいた。契約もしないうちにさっそくDさんには担当マネージャーがついた。「AVの経験がなくても、普通にカメラの前で男の人と、普通にリラックスしてできるから、大丈夫だよ、きみなら女優になれるよ」と言われた。なるほどな、こういう世界もあるんだなと思う程度だった。話を聞くことで精いっぱいだったため、〝女優〟という言葉だけが印象的で、出演しようかなどとは思っていなかったという。

ちなみに、Dさんは、母の経営するパブを手伝いながら、酔った男性客のきわどい話には慣れてはいた。が、それまでアダルトビデオは見たことがなかったという。きわどい性的な話だったら、テレビにも雑誌にもあふれている。特別めずらしいことでもない。

アダルトビデオを見たことがなかったという女性の相談者は少なくない。「AV」とか「アダルトビデオ」という言葉自体は知っていても、その具体的な内容となると途端に覚束なくなるのだ。相談依頼者の話を聞いているかぎりでは、アダルトビデオに関する情報は、同年配の男性と女性とでは格差が途方もなく大きい。男性の知っている常識で個別の女性の判断を批判することはできない。情報の質と量が特段に違うのだ。

Dさんが言うには、マネージャーの説明にはわからない言葉がたくさんあったけれど、業界用語だからね、わかんなくてもいまは大丈夫、と少しだけ説明された。そして、ほとんどのことが消化されないまま、ただアダルトビデオに出演する人は〝女優〟なんだということだけをなんとなく理解した。

アダルトビデオの撮影では何が行われるのか理解するためには、これらの用語をまず理解することが必要なのだが、PAPSに来るほとんどの相談依頼者たちは、なんとなく性的な映像を撮るんだという程度の理解にとどまり、〝女優〟という用語に反応している。ある学生は、〝女優〟というのだから演技であって、まさか本当に性交行為をさせられるとは思ってもいなかったと語っていた。

†契約完了まで三十分

Dさんは、その事務所に行ったときにはアダルトビデオに出演しようなんて思っていなかったのに、話は出演する方向でどんどん進み、気がついたときには、A4サイズの紙二枚を渡されていた。

契約書である。

事務室に入ったときの位置関係は重要で、Dさんは入り口から奥のほうの席に案内され、入り口近くの席にはスカウトマンをはじめ事務所の関係者が座る。世俗的に言えば上席に案内された形になる。とても、「おっかない感じ」だったという。

紙に書いてある文章は長く、読んで理解したらこれにサインしてと言われた。言葉としてはわかるけど、何が書いてあるかその意味するところはわからない。なんとなくわからない、なんとなく理解できない状態なのだ。

しかし、わからないことをきちんと、どこがわからないと説明しなければいけない雰囲気になっていた。

私たちの日常生活でも、わからないなあとぼんやりと思うことはよくあることだ。では、他者にそのぼんやりしたわからなさ加減をわかるように説明できるかと言えば、はたと何がわからないのかがわからないことに気づく。どこがどのようにわからないのかを理詰めで説明することは非常に難しい。ましてや、かりにも契約書と称する文書の内容である。巻末の補遺で実際の契約書の文面を挙げてある。最初に解説抜きで一読してほしい。そんな契約書の内容を、私たちが聞いているかぎりでは、せいぜい数分程度目を通させて、わかったらハンコを押して、といとも簡単に要求するのである。

Dさんは契約書の内容を、その場で、わからないとは言えなかった。怖くて断れる雰囲気でもなかったので、サインをしてハンコを押した。躊躇を覚えたにしても、ハンコを押したくない理由もまた説明できないのだ。

別にハンコを押したくない理由を事細かに説明しなければならない謂れはまったくないのだが、それは大人の世俗知であって、年若い女性たちは、「どこが嫌なの」「どうして嫌なの」などと問い詰められれば、律義に答えようとする。律儀に答えようとすればするほど深みにはまり、最後には答えられなくなり、スカウトマンなどの言っていることにうなずくしかなくなるのだ。彼女たちの、若く、世間馴れしていない側面に巧みに食い込んでくるのである。

Dさんは事務所に入るための契約書だと言われた。仕事にはこういうものがありますと書かれてるよ、と言われたようだが、あまり覚えていない。契約書を読む時間として十五分ほど与えられ、そのあと、事務所にファイルしておくプロフィールに貼るために免許証用のような写真を撮った。それが十五分くらい。契約完了までに、合わせて三十分もかからなかったという。

しかし実際には、出演する女性は演技ではなく本当の性交行為をすることが、契約書では求められている。

本来なら、契約を結ぶことで生じる利益や不利益に関しては、十分な説明が必要だ。

医療の例で言うところの、治療内容に関するインフォームド・コンセント（十分な説明を受けた上での同意）を考えてみてほしい。手術など、人間の生体を切り刻む極めて侵襲性の強い治療行為をするときには、十分なインフォームド・コンセントがなされなければならない。もし医療行為が失敗し訴訟となったとき、たとえ手術の「同意書」にサインがあっても、インフォームド・コンセントが不十分であれば医療者側は負ける。アダルトビデオ出演に関しても、性的プライバシーへの侵害が極めて高い行為を要求するのだから、契約書に本人のサインと押印があるからと言って、契約は成立している、と外形的に判断すべきではないのではないか。十五分かそこらで、相手が理解できるほどに説明できる内容とはとても思えない。

†契約書に署名したので、後戻りはできない

さて、Dさんは、プロフィール用の簡単な顔写真のほかに、ほかのマネージャーに見せるための事務所用だから外には出さないとのことで、担当になったマネージャーに写真を撮られた。何枚も撮ったあと、最後はショーツ一枚着けただけになった。

コンビニ雑誌に写真を載せる場合でも表紙には出さない、なかに載っているだけならバ

レないよと言われ、海外で売られるDVDで日本では売らないから顔バレしない、とも説明を受けた。なお、このマネージャーの説明は正確ではない。海外で売られるDVDだから日本国内では流通しないということはなく、逆に海外で売られているからこそ海外経由で無修正のDVDや動画が流入してくる。相談依頼者のなかには、この海外経由の無修正映像の流通被害を訴える人たちは少なからずいる。

また、コンビニで売られている雑誌で、表紙ではないから大丈夫という説明もあてにはならない。雑誌の購買者は表紙だけを見るわけではないからだ。次に述べるEさんの場合は、私たちに相談しているさなかに、来週コンビニで発売される男性向けの雑誌に自分のヌード写真が掲載されてしまった、と混乱の極みのメールを寄せてもいる。

さて、若干の不安というか疑問を持ちつつも、流されるままにアダルトビデオ出演の契約書にサインしてしまったDさんは、それでもなお、現実のものとしては感じられなかったという。自分の容姿に自信がないと思っているDさんにとっては、出演の声がかかること自体に半信半疑の思いがあったようである。Dさんのこの考えは半ば間違っている。アダルトビデオのスカウトマンは、容姿の美しい女性だけを選んでいるわけではないのだ。

私たちには、当事者ではない第三者からも情報が寄せられる。放っておいていいのかという通報が動画つきで来ることもある。そのなかには、身体的外見だけで一概には断定できないが、極度の摂食障害を疑わせる女性が出演しているものもあった。

Dさんは、数日後に、メーカーが決まったとの電話を受け取った。撮影では、嫌な行為を求められたら「嫌だ」とはっきり言えばいいと説得されたという。たしかに、契約書とは別に、撮影に際してのさまざまな性的行為に関する一覧表があって、その一つ一つの項目にOKかNOかを書き込み、署名をした。それに従って、嫌だとあらかじめ言っているじゃないかと言えばいいという理屈だ。しかしこの説明も、実際の撮影現場では裏切られてしまうという話を、何人もの女性から聞いている。いざ撮影が始まってしまえば、監督によって現場の流れが形成され、実質的に女性に意思表示の自由はなくなってしまうのだと彼女たちは語っていた。

このときのDさんの思いは、契約書に署名したのは自分なので、出演しないといけない、もう後戻りができないというものだった。

しかしながら、Dさんは契約書の副書を受け取っていない。Bさんと同じである。このとき渡されなかった理由は定かでないが、交わした契約書を受け取っていないという女性は多い。聞き取ったかぎりにおいてだが、契約書を渡したがらない業者は多いようだ。ある女性は次のように説明されたと言い、その説明に納得していた。

「こんなもの(契約書)をうちに置いといて、うちの人に見つかったら大変でしょ。」

女性たちから相談があったときに、肝心の契約書を持っていないので、弁護士を介して契約書そのものを入手することから交渉が始まる場合はまれではない。

†スケジュール表を見て本当に怖いと思った

撮影の数日前に、Dさんには一日のスケジュール表と台本が届いた。これを見て、本当に怖いと思ったという。

怖い内容は二つ。

一つは、この撮影のために何十人もの人たちが動いているのだから、などと言われていたが、それがリアルに感じられたこと。自分が承知したことなのに大勢の人に迷惑をかけるのも困ると思ってしまった。ドタキャンしたときの違約金のことも言われていた。

もう一つは、撮影内容そのもので、朝九時にスタジオ入りし、複数人の男優と性交行為と性交類似行為をすることになっていた。Dさんは相手となる男性をいっさい知らない。

このスケジュール表を私たちは入手することができた。

Dさんは、朝の九時にスタジオに入り、解放されるのはおそらく夜の十時過ぎくらいであろう。その間に休憩をはさんで五シーンを撮ることになっている。本書には掲載しなかったが一シーンごとに一応のストーリーというか映像のコンセプトの提示があり、カラオケで出会った女子アナが説得されてＡＶに出演し、五パターンのシチュエーションで性交行為または性交類似行為を行う、というシナリオになっている。

Ｄさんがもし出演していたら五人の男性と「絡み」（性交行為）を行うはずだった。この表からは、Ｄさんが五人の男性相手に最低でも七回の性交行為を予定されていたことはわかる。ただし、この日、一日で、実際に何回の性交行為を行うことになっていたのかはわからない。通常、一シーンで、一人の男性と一回だけ性交行為を行うとは限らないから

開始時間	照明	衣装	備考
10:30	DAY	私服	
11:30	DAY	私服	
15:30	DAY	私服	
17:00	DAY	MIKO 衣装	ウィッグ装着
19:00	night	エロ下着	
20:30	night	私服	

【カラオケで知り合った現役女子アナが決意のAVデビュー】

	内容	場所	男優 A	B	C	D	E	X
	インタビュー	スタジオ周辺 喫茶店	△					
1	インタビュー〜 カメラ前の初セックス〜 イメージ	メイク部屋→ 大部屋リビング	◎	◎				
	昼食							
2	M男君にご奉仕 リッププレイ	大部屋リビング ピンク壁前	○		○			
3	イメージ〜 コスプレイヤーSEX	奥色部屋	◎			◎		
4	拘束玩具責め	奥洋室	○				○	○
5	念願の初3P	大部屋リビング	◎				◎	◎
	完全撤収							

注　◎＝絡み
　　○＝エロ行為
　　△＝エロ行為なし

入り時間		
	スタッフ	9時入り
	女優	9時入り
	照明	9時入り
	メイク	9時入り
	助監	9時入り
	男優A	10時入り
	男優B	14時入り
	男優C	16時入り
	男優D	17:30入り
	男優E	17:30入り

である。

また、「エロ行為」と記載されている内容に関しても、具体的には何が予定されていたのか表からはわからないし、シナリオからもわからない。シナリオにはそのシーンごとのコンセプトが記載されているのみだからである。

「絡み」や「エロ行為」のバリエーションの詳述は避けるが、極めて多種多様である。特に初めてアダルトビデオに出演する女性にとっては、想像を絶する体位、姿態が要求されたり、罵倒や蔑みなど屈辱的な扱いを受ける場合もある。これがトラウマになり、数年を経ても過去の問題を引きずっていて、私たちのところに相談に現れる女性もいる。

ちなみに、このようなアダルトビデオに出演する男優にとっても、いいことばかりではない。ただでできるから、などと誘われて出演したが、自分の身体をその場その時に合わせてうまくコントロールできず、結局性交行為そのものができずに撮影が不調に終わった。その結果、損害賠償を凄まれて多額の金の支払いをしてしまったがなんとか取り戻せないか、という相談もPAPSには寄せられている。

一人の女性が一日のうちに、何人の男性を相手に性交行為をし、どのような撮影をされるのか。このスケジュール表からわかるのは、見た瞬間に絶句するほどのハードさである。ハードと思うかどうか個人差はあろうが、少なくともDさんは、これを見てアダルトビデオには出たくないと強く思うに至った。しかし、もう遅いとも彼女は思った。違約金の問題が発生するし、すでに撮影準備は進んでいて自分がドタキャンすれば大勢の人たちに迷惑をかけることになる、と。

女性たちから撮影時の話はいろいろ聞くが、現場そのものを語るときには、本人から詳細を聞くのはけっこう難しい。忘れていたり、話したくもないと言ったりするのだ。思い出したくない心理的メカニズムが働くのだろう。このような場合、支援者は本人が話したくないことは敢えて聞かないことにしているので、具体的にはどのようなことがなされているのかはなかなか見えてこない。結果として商品として売られるDVDやネットの動画等から推測する以外にない。

AV撮影において、事前にこのように細かなスケジュール表を渡されるのはよくあるのか例外的なのかは知らない。しかし、私たちが受けつけた相談依頼者たちの多くは、その日どのようなことがどのような順序で進められるか聞かされていなかったし、性行為があると聞かされていても、彼女たちが想定する性行為は自分の日常生活のなかでの行為の域を出ないだろう。

一方で、過激で過酷な行為をすることに、チャレンジの意味を見出している人がいることも事実である。映像では、チャレンジとしてやっているのか強要された結果なのかはわからない。合法として通るか否かの基準は、あくまでも「わいせつ」か否かであって、たとえ被写体である女性の承諾があったとしてもそれが女性の尊厳を侵犯してはいないか、という基準ではない。こうした映像表現が、女性の身体をそのように扱ってもいいのだというメッセージを発し、ひいてはそれが女性全体の尊厳の侵犯にならないかという問題は、いままであまり語られてこなかった。本書では、この問題は指摘するにとどめるが、彼女たちが、撮影は「屈辱的であった」と繰り返し訴えていることを、ここであらためて指摘しておく。

†弁護士を立てて交渉

Dさんが姉の実力行使によって「ドタキャン」したことについて、プロダクションからは怒りのメールが来た。

私たちは、プロダクションが訴訟を起こしてきた場合に備えて弁護士を探すことにし、PAPSが間に入って、Dさんではなく家族がプロダクションと交渉することにした。

Dさんの主張の要点の一つ目は、これまでにかかったとする諸費用については支払う意思がないこと、二つ目は、契約書の副書が手元にないので、契約書の開示を請求するとともに、署名はしているが、その有効性について争うこと、である。その理由は、事前に報酬を得ていないこと、バラシ代と称する違約金がどれくらいかかるかについて事前の説明を受けてないこと。プロダクションはAV事業者であり、一方でDさんはこの業界についての知識や経験を持っていない一般人であって、業界の人たちとは情報の質や量、交渉力に格段の差がある。それに付け込み、彼女にとって不利益な事実の一切の告知をしないままに、契約書に署名押印を求めていること。こうした主張を文書にまとめ、プロダクションに通知した。

プロダクションは、弁護士を代理人に立てて、損害賠償（キャンセル料）約一〇〇万円の請求書を郵送してきた。このケースは、このところ世情に言われているようなAV被害ではない、本人には何回も十分に説明しているし、納得もしているはずだという主張である。

相手が弁護士を立てて交渉してきた以上、Dさんも弁護士を立てたほうがいいと判断し、法テラス（経費が安くまた月賦払いが可能）の制度を利用してK弁護士を代理人として依頼し、プロダクションとの交渉に当たった。交渉途中では、相手方代理人から損害賠償の民事訴訟も辞さないというような脅迫めいたやり取りもあったが、撮影はしていないので実質的には先に述べたCさんの事例のように数一〇〇〇万円の損害賠償額にする訳にもいかず、民事訴訟はプロダクションにとってもあまり益にはならない、という判断になったようだ。

交渉は、結果的にはうやむやに放置されたまま、現在に至る。

Dさんは、最初から気乗りはしなかったのだが、なんとなく流されて、気がついたら巻き込まれていたという状況で、結果的には出演せずに済んでほっとしていたようだ。

5 Eさん＊「あなたは特別」「だからがんばれ」と言われその気になった

Eさんは、地方都市に住む二十三歳の女性。可愛い容姿で、性格は優しいが、ちょっと自分では対応しきれないと感じる事態になるとパニックになりやすく、パニックになってしまうと落ち着いて考えたり行動したりするのに時間がかかるタイプだ。だから、今回のように人生のなかで厳しい局面に立たされると、おろおろするばかりで、自ら切り開く力は弱い。

タレントやモデルになりたい願望はあったが、地方のことでそのチャンスはないと思っていた。地元で就職しているが、介護職の非常勤なので、月収は安い。カレシと同棲していて、これから結婚をしようと思っているが共働きでないと生活できない。

Eさんは、あとで述べるように、タレントになれると思い込んでスカウトに応じ、アダルトビデオの撮影もし、そのDVDが発売される時点になって、ようやくことの重大さに気づき、ネット検索をしてPAPSに相談メールのアクセスをしてきた。

†「おかしくなりそう」と匿名のSOSメール

秋のことだ。相談にしては珍しく昼間の時間帯に、匿名で、「AVを辞めたい。まだ作品は出ていない（筆者注：売りに出ていない、の意）」というタイトルでメールが寄せられた。

「スカウトされて契約をした。AV作品を二本撮った。撮る前はメイクするから、もしもバレても自分じゃないと言えばいいと言われていた。でも、撮ってしまってから、知人や、家族にバレたらと不安で追い詰められた気持ちになった。なので、アダルトビデオの仕事を辞めたいと申し出たが、辞めさせてもらえない。それに、撮った二本はまもなく発売されるし、残り十本の撮影がある。やるしかないんだ！　と言われて、怖くて泣いている。辞める場合はお金を払わなければならないが、お金はない。どうしたらいいのでしょうか。死にたくなる。」

五時間後に返信した。

「PAPSには、法律に詳しくない二十歳前後の人で、言葉巧みに言いくるめられてアダルトビデオに出演させられてしまい、同じような辛い思いをしている人からの相談がたくさん来ている。匿名さんの問題は、ある種の詐欺であり、自己責任の問題ではない。どうかご自身を責めないで。早めにご相談くださったことの勇気と行動力は、とてもすごいことなので、ご自身を褒めてあげて。匿名さんがいちばんどうしたいかが重要なので、困ったと思うことを一緒に考えていきたい。」

おそらくＰＡＰＳの返事を必死の思いで待っていたのだろう。すぐに、返信に感謝する返事が戻ってきた。

「返信してもらって涙が止まらない。自分で承諾した契約なのに、破棄できるのだろうか。破棄するには莫大なお金がかかるのだろうか。ＰＡＰＳに相談するのもお金がかかるのだろうか。」

自力では処理しきれないだろう困難ばかりだ。

すぐにまた返信をした。

「ＰＡＰＳは、ＡＶ出演強要の被害を無くしたい、という思いから無償のボランティアで対応している。だから、相談には一切お金はかからない。でも、弁護士さんを雇う場合は別だ。でもこれも、法テラスという制度があって、その人の経済状況によりけりだけれど比較的安い相談料で受けてもらえ、月割で返済していくことができる。」

匿名さんからは、間髪を入れず返信が来た。

「返信感謝。涙ばかりだ。さっき、事務所の社長に情緒不安でおかしくなりそうだから辞めたい、デビューしたくないと電話した。でも、来週にはコンビニ雑誌にデビュー写真が掲載されるし、撮影を断るにはお金がかかると言われた。カレシと一緒に生活しているが、カレシには死んでも言いたくない。出演一回分のお金五〇万円をもらい、すでに使ってしまった。本当におかしくなりそう。どう対処したらいいのかわからない。」

その夜は何回かメールのやり取りをし、きれいさっぱり思い通りにはいかないかもしれないが、弁護士を交渉に入れることによって、解決できることはあると伝えた。

PAPSとのメールのやり取りで少し元気になった匿名さんは、再度自分でプロダクションと電話交渉をしたようだ。

SOSのメールが来て二日後、匿名さんからPAPSへのメール。

「社長に電話した。来月からの撮影はなしになった。でも、グラビア写真は男性雑誌に掲載されて、明日、コンビニやなんかで発売。すでに撮った二本はデビューになる。」

PAPSの直通電話の番号を教え、以後電話でやり取りするようになり、匿名さんは、匿名さんからEさんへと変わった。

あとで、Eさんから聞いたところでは、ネット検索して半信半疑でメールしてみたところ、メールをするたびに的確に返事が来て、信頼する気になったという。特に、「自分を責めないで、相談することができた自分を褒めてあげて」との最初のメールが来たときには、本当に救われた思いがしたという。

†一〜二時間程度の撮影で三万円、に心が動く

以下は電話で聞き取った、Eさんがアダルトビデオに出演するに至った経緯である。

Eさんは、地方の遠隔地にいるためにめったに上京することはなかったが、東京でウインドウショッピングがしたいし都会の雰囲気に触れたくて、特に友達がいるわけでもなかったが、たまたま遊びに上京した。PAPSにSOSのメールをする五カ月くらい前の話だ。

人通りの多い原宿の表参道で、三十代ぐらいのスカウトマンに声をかけられた。

「君、君、モデルに興味ない？　ちょっとだけ参加すればすごく稼げるアルバイトがあるよ。」

せっかく東京に出てきたことだし、「すごく稼げるアルバイト」というのにも心を動かされて、面白そうだと思って男についていった。

近くの事務所に連れていかれた。小さい事務所だったがいかにも芸能界風な雰囲気だったという。

短時間で簡単に稼げるバイトがあると言われた。地方で定職に就いてはいたが、介護職

で非常勤なので低賃金だ。一〜二時間程度の撮影で三万円と言われれば心は動く。

パンチラの動画撮影のバイトだった。もっと稼ぎたければこんな事務所もあると、アダルトビデオのプロダクションのホームページを見せられた。ホームページに並んでいる女性たちは可愛く、いかにも芸能人のように見える。君だったら必ずこうなれるよ、と言われればさらに心は動く。でも……地元で知られたら嫌だとも思う。

スカウトマンはおそらく彼女のこの心の動きを正確に摑んだのだろう。

アダルトビデオの女優の、ノーメイク画像とプロによるメイク後の画像を比べて見せた。さらに追い打ちをかけて説明する。このメイクに、プロのカメラマンが撮影し、プロの画像加工が施されるから、別人のようになれる……。ビフォー・アフターの画像の効果は絶大で、確かに同一人物とは思えないくらいきれいに変わっており、これだったらバレないだろうなと思うには十分だった。説明の合間に、スカウトマンは、君はすごくきれいだ、君だったら絶対に稼げるようになる、と繰り返し繰り返し言い、彼女の心をいやがうえにもくすぐる。

それでもその日はそのまま帰ったが、その後たびたび誘いのメール連絡が来た。

「この次の日曜日に東京に出てこられないかな。聞いてほしい話があるんだけどね。朝早く来て夜遅く帰れば日帰りできるでしょ。」

「交通費がかかるから、そんなに簡単には東京に行けません。」

往復数万円はEさんには痛い出費だ。仕事がきちんと決まったわけでもないし、なんとなくアダルトビデオ出演にはしり込みするものがある。

「交通費なんて出してあげるから、出ておいでよ。」

東京の事務所に話を聞きに行くのに交通費も出すとまでいうのだ。そこまで言われて、本当に稼げるようになるかもしれない、と思い込んでしまった。

誘われるままに上京。

アダルトビデオと知っていてもその実態はよく知らないから、バレることなく稼げるのだったらそれはとてもいい話のように思えてしまった。さらに、今回は交通費まで出してもらっていたので、プロダクションで契約書を前にサインを迫られると、断りにくい。最初のスカウトのときに、住所・氏名等個人情報を伝えてしまったことも、断りにくさを助長した。

結局、サインをした。

地元のレンタルビデオ店に置かないことや地元のホテルのビデオ放映は差し控えること、雑誌には出さないことなどを条件に、不安を覚えつつもプロダクションと契約をした。このとき、ヌード写真も撮られている。

†ホントに芸能界の人になったような気分だった

ほどなくあるメーカーとの契約が決まったとの知らせが来た。このメーカーに受かるのは非常に難しいし、年間契約まで成立する人はとても少ない、君は特別なんだ、だから、がんばれ、と聞かされて嬉しい気持ちになった。また、年間十二本の契約で月々数一〇万円の報酬、というのには目がくらむ思いだったという。

やがて、話は本格的に決まっていき、どのように売り出していくかという戦略が練られた。地元のレンタルビデオ店には置かないでほしいとの要望を出したが、メーカーからは断られている。プロダクションの人たちは、久々の大物女優という設定で沸き立ち持ち上げ、Eさんもお金がもらえるし嬉しい気持ちが大きくなり、そのような雰囲気に押されるように不安のほうは縮小していった。

あとで述懐していた。

「なんだかうまく乗せられて、いい気分になっていった自分がバカみたい。いまだったらそう思えるけど……。あのときは、ホントに芸能界の人になったような気分だった。」

あるスポーツ競技の応援団女子の一人、二十歳、東京近県の住まい、という設定で売り出していくことになった。実際にスポーツ観戦にも行き、観戦の写真を撮り、ブログやツイッターで発信するように指示された。はじめは芸能人のように扱われることが嬉しかったが、日に日に、胸を出したり、入浴後の半裸の姿など、エロっぽい画像を毎日アップするよう求められるようになり、嫌になって更新を放置する。しかし、プロダクションやメーカーからは何度もアップするように迫られるので、嫌々写メを上げたり、更新せざるを得ない状況に追い込まれていく。

この、ブログやツイッターによる自己宣伝は、微妙だ。自ら積極的に創意工夫を凝らしてやっている人もいるだろうが、どんな内容がどんな頻度で発信されているかプロダクションに事細かくチェックされていたという話をする女性たちが少なからずいた。分けても驚いた例は、すでに百本以上DVDが売られていてAV女優として一定程度名の通ったある女性が、ブログとツイッターに書いている内容と、同時に私たちに寄せてくる「もう死にたい、なんとかして」という相談内容との落差である。自己表現の装いでされるブログやツイッターだが、それには、プロダクションやメーカーの指示や意思が反映されている。そういうケースも少なくないということなのだろう。

Eさんは、デビュー宣伝として提案された、大衆的な男性雑誌への写真掲載を拒んだ。それこそ地元の本屋で誰が手に取って見るかわからない。しかし結局、デビューのときだけだからと押し切られて、しぶしぶオーケーせざるを得なかった。

「だって、Eさんは承諾して契約したじゃない。契約違反はただじゃ済まないことなんだよ。わかってる?」

スポーツ観戦に行くための旅費、宿泊代などはプロダクションが支払っている。この観戦中に応援団の女の子たちが集まり、Eさんは真ん中のいちばん目立つところに座らされて記念写真が撮られた。この写真は翌日のスポーツ新聞の第一面に掲載されてしまった。

そのときは自前のメイクだったので、なぜプロのメイクじゃないのかと不安になり、理由を聞くと、素人っぽさがいいんだという。「素人っぽさ」は、商品としてEさんを売り出すプロダクションの戦略の一環であったかもしれないが、それではEさんの「身バレへの不安」はいっこうに解消されない。こうしたプロダクションの対応に、Eさんの不安は募るのだが、一方では、撮影等の一日の「仕事」が終わったあとの飲み会などには参加し、おごってもらっている。元アダルトビデオの女優をしていたという女性スタッフも混じり、しきりに、Eさんがどんなに素敵で可能性があるかを解説されて、いい気分にさせられたことも事実である。

†身バレの不安から追い詰められていく

大掛かりにスポーツ応援団女子の撮影もし、スポーツ新聞にも掲載されてしまった。お金も入ることだし、出演すると契約もしてしまったのだからいまさら断れない。地元での身バレは怖いがもうどうしようもない。Eさんはそんな引き裂かれた気持ちだったようだ。

いよいよ明日は初めてのアダルトビデオの撮影という段取りになり、上京してホテルに泊まった。撮影の内容を知りたいと数日前からスタッフに聞いていたのだが、いまは台本が手元にないのであとで送る、の一点ばり。男優は一流でみんな性病の検査をしているから大丈夫だと言ってくれたが、肝心の内容は撮影前夜になってもわからない。

とはいえ、当日は、プロのメイクが付き、監督や男優、スタッフに可愛い、可愛いなどとちやほやされて浮かれた気持ちになった。撮影の内容も恐れていたようなハードな内容でもなかった。ただ、YouTubeにのせる動画を撮るなど聞いていない話もあり、だんだんに広報宣伝活動（パブリシティ）の範囲が広がっていくことに不安が募っていった。

撮影後には、身バレしないかと精神状態が極めて不安定になって死にたい気持ちになりはじめ、次第に追い詰められていく。

数日後には、精神状態がおかしくて死にたくなる、もう撮影したくないしデビューもしたくないとプロダクションに伝えた。はじめはやさしく聞いてくれていた女性スタッフは、やれるかどうかじゃなくてやるしかないんだ、と半ば脅しをかけてくるようになり、契約の話、つまり違約金の話が出てきたという。

十二本の契約中まだ二本を撮影しただけだが、近々ネット予約も始まり一ヵ月後には発売されるという時期に、EさんはPAPSに相談のメールをよこした。

遠隔地のことでもありすぐには面接には持ち込めず、メールのやり取りで対策を練るのだが、Eさんの気持ちが次第に切羽詰まっていくのが日に日に伝わってきた。明日発売のコンビニ雑誌にデビュー記事が掲載されることになったとき、今後の撮影はできないと言ったら、お金の請求が行くからねと脅されもした。精神的に追い詰められて、発熱し通院するまでなってしまったという。

Eさんの不安と恐怖はその数日でだんだんに昂じてきて、ついに兼井さんに死にたいとしきりに訴えるようになってしまった。実行しかねないパニック状態に陥っていることが伝わってくる。それまでのメールや電話のやり取りで、困難な事態に陥ったときには、パニックになりやすい性格だということも、わかり始めていた頃だ。

†相談メールから和解が成立するまで約半年

夕食時、兼井さんから私に電話が入った。

「いま、新幹線に乗っているんです。」

それだけで、状況はある程度察しがついた。

真夜中に目的地に着いた兼井さんはEさんと落ち合い安ホテルに泊まって、徹夜でことの経過を聞き取り、記録を作成した。Eさんは憔悴しきっていたが、よく頑張って、これまでの経緯を電話での聞き取り以上に詳細に語ってくれた。

翌朝、筆者は、弁護士に相談する内容としてこの記録で通用するかどうか、必要事項の漏れがないかどうかをチェックし、兼井さんと修正を協議し、経過記録を仕上げた。

契約の解除、違約金の問題、DVDの発売中止の仮処分の申し立て等々、弁護士を立てて交渉しなければならないことが山積していた。記録をまとめたその日、スカイプを利用して東京の弁護士とも法律相談をした。

弁護士を代理人としてプロダクションやメーカーに発売中止を求めること、損害賠償金の扱いを交渉することになるのだが、成人に達した大人の契約なので交渉は難航した。

結局、交渉を始めて四カ月以上経ってようやく、メーカーを相手に、EさんのDVD等の発売、頒布、発送またはインターネットへの掲載の差し止めを求める仮処分命令申立書を地方裁判所に提出することができた。

メーカーとの和解が成立したのは、Eさんから相談のメールが来てから約半年後だった。

十二本の契約であったが今後は制作を行わない。既に制作されている二本は、期間を定めてDVDの販売とネット等の配信はすることとなった。

結果的には、彼女は究極の選択を迫られることになったのだ。損害賠償金を支払わないこと、これ以上のDVDの制作販売をしない代わりに、二本のDVDの一定期間の販売を認めさせられたのである。

その期間、東京のアダルトビデオ販売店では彼女の巨大なポスターが貼り出されていた。

「待望の大型新人！！！　発売中」

†バレると生活が破綻する

Eさんの場合は、生活拠点が地方だったので、その地域での人間関係は濃密で、それが生活のあらゆる面に影響してくる。自分の付き合いたい人間関係だけを中心に、地理的物理的環境からは浮遊して生活が形成される大都市の環境とは、質的にかなり異なる。

最初はスポンサーのつくグラビアアイドルの扱いで、このときはとてもちやほやされて、なにか芸能人になったようないい気持ちになったし、自信が持てたという。しかし、実際に出された週刊誌のグラビアはセミヌードで、地方で暮らす自分としては、近隣、友人たちの噂になるかもしれないという現実にはたと直面し、苦悩する。匿名性が保証された都会の私生活と地方の生活との決定的な違いである。相談依頼者のなかには、ある地方で生活していたが、さらにとんでもなく遠くに行って生活を始めた例もある。

のちに、Eさんは以下のように述懐している。

「K弁護士はズバズバ話をするタイプだが、自分のことを考えていてくれると感じた。自分が悪かったわけじゃないんだ。被害だったんだとあらためて思えた。地元の弁護士も心配して連絡をくれた。私は、兼井さんをはじめとしてたくさんの方たちに助けられていると感じ、家族に話すこともできたし、生きる希望が持てた。協力を得られて、自分のやれることをやれるだけやっていると思う。少し図太くなれそう……。」

以上のように述べてはいるが、弁護士との法律面談の最中に号泣し、収拾がつかない場面もあったのである。

DVDの販売期間はすでに過ぎ、特になにごともなく、Eさんは現在、就職し、結婚し、落ち着いて暮らしている。新しい職場も家族も破綻しなかった。

6 アダルトビデオの世界に引き込まれていく共通のプロセス

以上、私たちのもとに寄せられる相談内容のうち、五つの典型的と思われる事例をもとに、女性たちがどのようにしてスカウトされてアダルトビデオの撮影をし、その結果、どのようなことが展開するのかを伝えてきた。

筆者は五つの典型例を羅列したつもりであったが、こうして並列的に並べてみると、典型例というよりも、彼女たちがアダルトビデオの世界に引き込まれていく共通したプロセスが見えてくるように思われる。

つまり、タレントになれる、高収入が得られるなどの言葉に惹かれてスカウトマンの勧誘にのり、その場で、あるいは連れていかれたプロダクションで、契約書にサインするなり、なにがしかの借金を背負わされるなりして、アダルトビデオ制作のプロセスにいやおうなく組み入れられてしまう。実態が次第に明らかになっていくにつれて、なんだかおかしいなと思いつつも、そのままに流されて、撮影の場面で決定的にこれは違うと思っても、もう引き返せない。そんな状況に陥る、一連のプロセスである。

五つの事例にはそれぞれのプロセスにバリエーションがあり、それはそれで重要なのであるが、共通点は押さえておく必要があると思われる。

掲載した事例はすべてスカウトから始まっているが、最初のきっかけはスカウトだけではない。「バイト」「高額」などのキーワードでネット検索をすると、さまざまなサイトが現れる。ネット検索の結果から実際に事務所に赴き、結果アダルトビデオ出演を余儀なくされたといった相談事例も少なからずある。ネットからのアクセスは、本人の、より積極的な意思があるように見えるが、ネットの情報そのものは極めてあいまいで、判断を錯誤させるような記載が多い。これは、スカウトマンが対面で女性たちに提供する情報に似通っている。

さて個別の事例の特徴を、若干整理しておこう。

Aさんの事例で特徴的なことは、まず強姦しておいて屈服させる手口だ。犯罪である。さすがにこの手口はそう多くはない。ただ女性は性暴力被害に遭ったとき沈黙することが多い。性被害女性に対する社会の差別的なまなざし、司法の無理解なまなざしを、上手に利用されてしまうのだ。

Bさんの事例では、地方出身の在京者で、どちらかと言えば本人自身が自分は野暮ったいと感じている人が狙われ、芸能人になりたいという夢に徹底的につけ込まれている。本人もおかしい、おかしいと思いつつ、夢にしがみついて現実に起きていることを正確に判断できない。スカウトマンは「タレント・アイドル・モデル」等の言葉を使用しているが、同じ言葉であっても、内実は本人とプロダクションでは違い、本人が抱く夢とプロダクションの思惑は、まったく異なる。このケースは多い。

Cさんの例は、十八歳未満のときにスカウトされ、そのまま、十八歳以上、二十歳以上と法的に自立する年齢になるまでさまざまな理由をつけてプロダクションにつなぎ留められ、挙句に撮影にまで持ち込まれた例である。Bさんも、その意味では数カ月間キープされていた状態だった。成人に達しているか否かはかなり決定的な要素だ。私たちは、相談依頼者の生年月日を必ず聞き取っているわけではないので、正確な統計数値は出せないが、二十歳前後の相談依頼者は多い。

Dさんの場合は、家族が知ったことでSOSにつながった。この例のみならず家族やカレシが直接通報してくる場合もある。家族などに勧められた結果、当人が相談を寄せる場合もあるが、当人自身も困ってはいたがきっかけが摑めないでいるときに、家族等の第三者の後押しの力は極めて強く、このような第三者を経由しての相談もまた多い。

Eさんは、遠くの地方からたまたま東京に遊びに来たときにスカウトされた。自分の意思を明確に伝えることが苦手で、強引に押されると流され、収拾がつかなくなるまで、へンだ、ヘンだと思いつつ、自力では止められなくなる。

ここに具体的には挙げなかったが、典型的な事例は、じつはあと二つある。

一つは、数十回、あるいは百数十回アダルトビデオに出演し、この世界で生きていながら、それでも相談依頼者として現れる一群である。人数は多くないが複数いる。この場合は、ある程度この世界では有名人であるために、その相談内容そのものからして、個人を特定されかねないので、典型例として伝えることを避けた。本人の話のかぎりでは深刻な事態のさなかにある。

もう一つは、過去の数年前、あるいは十数年前のアダルトビデオ出演のトラウマを現在に引きずっている人々である。例えば、ある相談依頼者の場合は、十五年間、誰にも言えず悩んでいたという。メディアの報道により相談できることを知り、アクセスを試み、支援者と面接をした。本人はずっと悩んでいたが、誰に、どこへ、相談に行ったらいいのかわからなかったという。ようやく、十五年も前の話ができるようになり、話す場所を見つけたというのである。

これは一例であって過去の問題に関する相談依頼の内容はさまざまで、まとめきれていない。今後数年の相談経過を見た上でなければ、現時点ではその共通項を典型事例として抽出しきれないので、ここでは割愛した。過去の出来事がいまだに解決されていない課題としてあり、それに直面していかざるを得ない人々がいる。そのことを指摘するだけにとどめておきたい。

Ⅱ なぜ契約書にサインをし、なぜそこから抜け出せないのか

相談を寄せてくる年若い女性たちは、なぜアダルトビデオ出演を契約し、実際に出演してしまうのだろうか。出演した結果、非常な苦悩、怒り、悲しみなどを覚えながらも、なぜそこから自力では抜け出せなくなってしまうのだろうか。

本人の了解を得て、ある人の相談アクセスの第一報を全文で紹介しよう。数あるアクセス・メールのうちで最も長文であり、かつ、その間の事情をよく物語っていると思われる。なお、本人のプライバシーに関わる部分には多少手を加えてある。

未明、三時四二分の発信。

「私は現在×歳の女性です。201×年の×月（当時19歳）から×月頃までAVに出演していました。正確には、毎日のように脅迫をされながら出演していました。元々のきっかけは、スカウトの男に出会い、『いい仕事があるから話だけでも聞かない？』と言われ、後日、話を聞きにいこうと男に会いました。男は『今日はうちのスカウト会社の代表も来るからしっかり挨拶してね』と言いました。そして車でその代表という腕に刺青の入った強面な人物がきて、私と男と3人で××に連れて行かれました。この時点で、とても強面な人も出てきて、かなり嫌な予感がしました。

複数の会社が入っているような、一見普通のオフィスのようなところでした。

入るとスーツの男性が出てきて、用紙を持ってきて、面接を始めると言われ、座らされました。用紙を見た途端、もうどういう仕事かはわかりました。明らかにAVの仕事だと。いま思えば『いい仕事がある』なんて言われ、ついていってしまった自分がとても馬鹿で情けないと思います。

しかし、その時はなんとか面接だけ済ませて『やっぱり私こういうのは、やりたくないです』と言えば逃げられるかなと思ったものの、事務所の人間、スカウトの男、代表と名乗る強面な男に囲まれている上に汗をだらだらかくくらいかなり長い時間説得をされました。

私の目には契約書のなかの違約金800万（動揺していてうろ覚えな所もありますが、おそらくそのくらいでした）という文字も突き刺さっていたし、やりたくないけど、やりたくないとは言えない状況に押しつぶされ、印を押してしまいました。更にそのあとトップレスの写真も撮られ、×日までに髪も黒く染めてきて下さいと言われ、私は嫌だと言いましたが、今回はこちらが美容院代金も出すし、同行すると言われ、後日美容院にもマネージャーに付いて来られました。その後は仕事を決めるためという宣材写真なども日程が組まれて撮られてしまい、あぁもうこれからどうすればいいのかと思いました。その後はいくつかの撮影をこなす日々になりました。

私は家族には言えない苦しさ、周りにバレたりしたらどうしようという思いから精神的にどんどん弱って行き、毎日眠れなくなりました。

スカウトの男とは当時は毎日連絡をしており、私が弱音をはいたり、辞めたいと言うと説得してきたり、時には『ブス』『死ね』『いつでもお前の家に乗り込めるんだからな』などと暴言を吐かれたりしていました。あまりに不安定になり、指に大怪我をしたこともありました。辞めようと事務所に相談しても、違約金のことを言われたり、契約では最低一年間はいてもらわないとなどと言われ、無駄でした。むしろ仕事がなくなればいい、それかばっくれようと思い、撮影日にわざと家に閉じこもり携帯も電源を切っていたのですが、その日は事務所のマネージャーが家まで押しかけてきました……。

このようなことが続き、私はしぶしぶこの仕事を続けるしかないのか、家族を守るためには自分が犠牲にならなくてはいけないと自分に言い聞かせながら、不眠で体力も記憶力も曖昧ながらも決まっている撮影は全てこなしました。痛いこともされたし、私のことを『それ』などと呼ぶ監督がいたり、更に病気の心配はないと言われていたのに性器ヘルペスまで移され数日寝込む程悪化もし、相当心身共に苦痛を受けました。

そして201×年の秋のこと、家族から『すぐに帰ってきてほしい』と連絡があり、急いで自宅に帰りました。そして家族は顔面蒼白になりながら『○○、何か酷いこととかされてない……？』と聞いてきました。

最初私は誤魔化しましたが、すぐにどういう意味なのかはわかりました。『ネットを見ていたら、無料動画サイトに○○が出ていたからとても心配になったんだ』と言われ、私は家族に全てを話しました。

それを聞いた家族は私の携帯からスカウトの男に電話をし、私は横で聞いていることしか出来なかったけど、家族は『もううちの○○をこんな目にあわせるな。辞めさせてくれ』と言ってくれました。私はまさかこれで辞められるのかとは思っていませんでしたが、事務所にもこの事実を話し、そして家族にバレてしまった時点で契約は終了ということでいいと言われ、そこで解放されました。

ですが、これで終わりではありません。その後私は苦しんでいます。まずは動画がネットに出ていること。こんなことは聞いてもいなかったです。それから、高校の同級生の男性から、『なんか、お前に似ている人が出ているものがあった』と言われ、聞いてみたらコンビニの成人誌の付録だったそうです。わたしはまず『絶対にバレない』『ネットに上がるとしても有料のもの』『雑誌などに出すことはない』言われていたのに完全に話が違います。ネットも無料のものに上がっている上に知らないところで雑誌の付録のＤＶＤにまでなっている現実。私はもう怖くなって、友人の殆どとも縁を切りました。

その後に成人式も迎えていたから、目元も整形したり切る以外の事などを色々しました。それもこの被害から身を守るためです。

家族も私のことを懸命に支えてくれていました。私はずっとこの事が不安になっていたから、一緒に動画が上がっていないか見てくれたり。自分の親族がこんな目にあうこと、受け入れること、共に立ち向かうこと。家族の気持ちを考えたら相当辛いことだと思っています。だから悔しさからも私個人でも削除要請が出来る所には削除要請をしたり、何百も頑張りましたが管理人と繫がらないサイトもあったり、結局きりがなくまたでてきてしまったりなど、とても手に終えませんでした。

一度元々いた事務所にもホームページのメールアドレスに削除要請など連絡をしましたが返信はありませんでした。毎日忘れよう、忘れようと思ってもこのことはトラウマとして自分を襲います。つい先日、付き合っていた彼氏にも『お前に似ているAVの動画があった』と言われ、私は特に言及はしていないけども別れようと言われてしまいました。こうして大切なものまで奪われ、大切な人たちをも傷つけ、私も深く傷ついています。

決して望んで選んだ事ではないのに……。

就職をしようとしても、このトラウマがあるために今私はなるべく人目につきづらい仕事をしています。本当にあの動画や作品を消すことが出来たら私はどれだけ救われるのだろうと思います。彼をこのような最悪な結末で失ってしまい、過去には家族の心も傷つけてしまったというやりきれない気持ちに溢れ、相当辛い気持ちでいっぱいになりながらも、『AV　被害』や『AV　騙されて』などと検索してこちらのサイトに至りました。今、こうして経緯を書いているということにも、私は少しばかりでも希望を抱いています。これ以上大切な人を傷つけたくない。これ以上私みたいな被害者も絶対に増えてほしくない。大変長々と申し訳ありません。どうかご相談に乗っていただけませんか……？」

私たちの相談窓口には、アダルトビデオに関連する相談だけでも、二〇一六年八月三一日現在の累計で一六四件寄せられている（相談累計総数は二一八件）。アダルトビデオの出演を止めたい、出演させられそうになっている。あるいは出演してしまったが、店舗やネットを通して流通するDVDの販売停止や回収、動画や画像のネットからの削除をしてほしいなどの要望が主たる相談内容である。

しかし一方、ネットなどのサイトを覗いてみると、「アダルトビデオに出演するのはもう嫌」と訴える女性たちを非難する書き込みであふれている。そもそもそんなに嫌だったら初期的な段階できちんと断ればいいのではないか、自分もやりたくてやっているのではないか、都合が悪くなったものだから自分に有利なように話を盛っているのではないか、出演のギャラも得ているではないか、被害者面をするな、いまさら嫌だというのは我が儘もいいところだ、出演のドタキャンなどもってのほかだ、女性の側にこそ問題がある、という意見や感想が多い。

女性は、一回の出演で数万円（聞き取ったなかでいちばん低いのは三万円）から数一〇万円の対価を得ている。対価まで得ていていまさらなんだ？　という非難は一見、もっともに見える。しかし。この非難には本当に妥当な論拠があるのだろうか。

私たちのもとには、アダルトビデオに関わった女性たちがさまざまに〝自分ではどうしていいのかわからない、困った深刻な事態〟を抱えて、相談依頼者として現れる。

彼女たちは、どのようにしてアダルトビデオとの関わりを深めていくのか。

相談依頼者たちの寄せる相談内容から、なぜ契約書にサインをし、なぜそこから抜け出せないのかについて、スカウトから始まって、契約し、出演し、そこから抜け出せなくなるプロセスを、順を追って見てみよう。その上で、では、そこから抜け出すために、どのようなことができるのか。支援のプロセスをたどって考えてみる。最後に、なぜ、このような事態が起きるのか、アダルトビデオ産業の構造について、相談依頼者が語る内容から知りえた情報をもとに概観してみたいと思う。

1　なぜ契約書にサインをし、なぜそこから抜け出せないのか

❶なぜスカウトマンの勧誘にのってしまうのか

それは何気ない日常生活のなかの、街の通りやネット・サーフィンなどで始まる。ある人は街中でスカウトマンに声をかけられて、自分はもしかしたら憧れのモデルやタレントになれるかも……と夢を見、ある人はなにかいいバイトがないかとネットを検索して、高額、短時間などの謳い文句に巡り合って、仕事の内容もよくわからないままに事務所に出かけていく。

相談依頼者の話を聞くと、スカウトマンと巡り合うのは街中がわけても多い。スカウトの場面を彼女たちの話から再構成してみよう。

それってどんな仕事？　ホントにタレントやモデル、アイドルになれるの？　お金になるの？　性的なことらしいけど自分もちょっとは性的な冒険もしてみたいし、覗けるものなら覗いてもみたい。女性は、そういった関心や興味、好奇心からスカウトマンの話を聞

いているようだ。そして、聞くだけ聞いてみよう、嫌だったら断ればいいという軽い気持ちからスカウトマンについていく。

†聞くだけ聞いてみよう、と思う

次のようにしてつけ込まれた例もある。

渋谷駅の交差点付近で、スカウトマンに声をかけられた。この女性自身、エクササイズの勧誘の仕事をしていて、通行人に当たりをつけては声をかけるが、無視されることが多かった。その辛さを知っていたので、スカウトマンの声かけを無視できなかったという。

「風俗に興味ある?」

「ええ? 風俗? わたしずっと前にピンサロにいたことあんのよ。もうあんなことやりたくないし……。」

「ピンサロ? そーんなの、風俗のうちの下の下。AVはいいよー。AVはみんなプロだもの。」

「ふーん?」

「ピンサロでやなこと、いっぱいあったでしょ。そんなのに比べたら、AVはすごーくクリーンで安全な世界だよ。」

「風俗」から「AV」にするりと切り替わっているが、そのことに気がつく間もないくらい自然な調子で話が進む。

確かにピンサロでは、賃金の払い方やちょっとしたことへの罰金制度など、不透明なことが多かった。ピンサロで働いたことによって自分は汚れているのではないかと苦しく思うこともあったとも、彼女はあとで言っていた。だから、〝クリーン〟という言葉に素直に反応してしまった。ピンサロと比較してどこがどのように安全でクリーンなのか問うことをせずに、自分の基準で〝クリーン〟を判断したことは、論拠の無い錯誤または誤解と言えるかもしれない。スカウトマンは、女性の側の錯誤による理解を巧妙に利用するのである。

「このチラシはやたらに渡しているわけではありません、スカウトが見極めた人にだけ渡しています」という謳い文句のあるチラシを渡される場合もある。人通りの多い駅前などで渡されると、若い女性にしてみれば悪い気はしない。

あるいは、スカウトされたことで、タレントやモデルになりたいという夢が実現するかもしれないと、たんなる憧れが強い願望に変わるきっかけになる場合もある。

さらに、目先のお金に困っている女性にとっては、スカウトの「あのさぁ、いま、そこでちょっとしたモデルをやれば、いいお金になるんだけど」という誘いは、とても魅力的に映る。

†なんとなくその場では断れない

スカウトマンと話をしている段階で、なにかおかしいなあと感じても、なんとなくその場で明確に断れない雰囲気に持ち込まれる。女性のほうは意思表示を先延ばしして、あいまいにすることで切り抜けてやり過ごそうとしているつもりなのだけれども、そのような戦略は役には立たない。執拗に食い下がられてしまう。

もちろん、嫌だったらなぜ途中できちんと断らないのかとの素朴な疑問がわく。断らなかったあんたも悪いという、女性に対する非難も呼びそうだ。じつは彼女たちのなかには、スカウトマンの話を聞いているうちから、彼が言っているのはAV出演らしいと思い、疑念を抱いて断ろうとしている人もいる。しかし、力ずくで物理的にその場を逃げださないかぎり、会話はいつしか交渉に持ち込まれてしまい、その会話はえんえんと続くのだ。彼女たちは断る理由をいろいろ考える。しかし、次々に論破されてしまう。例えば、以下のように。

「わたし、性的なことには興味ないから……」

「ああ、そのほうがいいんだよ。新鮮に映っていかにも〝うぶ〟に見えるから魅力的なんだよ。」

「セックスの体験もありませんし……」

「そうか！　体験ないんか。ちょうどよかったじゃない。初体験をプロとできて……」

「顔がバレるのが困ります。」

「大丈夫、大丈夫、顔がバレるなんてことないよ。いったい年間何万本出てると思う？君はそのなかのたった一本に過ぎないんだから絶対にバレないよ。」

スカウトマンによるひとつひとつの説得の論理は理屈にもならない理屈なのだが、断る理由を考えても考えても、〝論破〟されてしまうのである。断る理由が尽きたときに、受け入れざるを得ない雰囲気に持ち込まれてしまう。この意味で、スカウトマンはスカウトのプロであって、通常の若い人には太刀打ちができない。あのとき、スカウトマンの話なぞまともに受け答えしなければよかった、と後悔している相談依頼者たちは少なくない。

会話の循環に持ち込まれた彼女たちは、はたから見れば、とても律義に真面目に、ある意味従順に問いに応えようとして精根を尽くしているように思われる。アダルトビデオに出演するか否かは自分が決めることであって、スカウトマンの「なぜ出演したくないのか」という問いに答える必要などまったくない。これが大人の対応だ。プロのスカウトマンを相手に未熟と言えば未熟、素直と言えば素直だ。コミュニケーションの力量が違うのだ。

席を蹴ることができる人は、とここにまでは至らないのだろう。しかし、席を蹴る胆力や気力がなかった女性に、落ち度があると言えるだろうか。相手に強気に出られたらノーと言えない、気の弱い女性はいくらでもいる。

†ちょっとおかしいと気づいても、相談できない

肝心なときに自己主張できない気弱さ、夢、錯誤、お金、虚栄心。そうしたことに働きかける（つけ込むと言ってもいい）〝営業〟活動は、なにもアダルトビデオに限ったことではない。日常茶飯のことである。特別な女性だけが陥るわけではない。最初は何気なく始まったかに見える会話であるが、その会話をコントロールする主導権は、スカウトマンが必ず握るのである。そしていったんスカウトマンのペースにはまると、抜け出すのは困難になっていく。

スカウトマンの女性獲得率はどのくらいのものかは知らないが、相談依頼者として現れる女性たちは、ほぼすべてこのようなことが発端で、アダルトビデオの世界へと誘導されている。

そして、この段階で特徴的なことは、少なくとも相談依頼者として現れる女性たちは、

自分がしようとしていることが、ちょっとおかしいと気がついていても、周囲の親しい人々に相談していないことである。「おかしい」と感じるものの実体が、自分の性とお金とにまつわっているようだと直感し、その時点で、なにかしら後ろめたさを感じてしまうようなのだ。とっても割のいい調査員のアルバイトを見つけたよーと、おおっぴらに自慢するのとはわけが違うと思ってしまう。

事前に家族に相談した例外の事例が一例だけあった。「このチラシはあなただけに渡します」というチラシを渡され、そこで案内されていた会場に行って契約をした例である。彼女は「こんなことがあったのよ」と家で話し、親からＰＡＰＳに相談があり、契約取り消しになった。

❷なぜ契約書にサインをするのか

スカウトマンに誘導されてくる人もネット検索して辿り着く人も、一様に「契約」という通過点を通る。

契約書にサインするのは、スカウトされたその場で、プロダクションに最初に連れていかれたとき、何回かプロダクションに通った後、などケースバイケースだ。私たちが聞き取ったかぎりでは、契約を迫られる時期が早ければ早いほど、雰囲気は暴力的で、プロダクションの誘導により一方的に契約書にサインせざるを得ない状況に追い込まれている。何度か面接するなどプロダクションとの接触が重ねられたあとでは、スカウトマンやプロダクションの人間との間に親密な関係ができ、本人の希望がかなえられたかのごとき様相を呈することになる。

†サインをせざるを得ない暴力的な雰囲気

前章のAさんの場合は、初回の接触で長時間の話し合いに持ち込まれ、精根尽きたところで、契約書を持ち出された。これにサインすればいまのこの状況から抜け出せると、後のことを考えるゆとりもなくサインをしている。夕方から終電間際まで粘ったスカウトマンの腕前は驚くべきものがある。

ちなみにスカウトマンのこの行為は、アダルトビデオへの出演勧誘なので、風俗への客引きやスカウトを禁じた東京都迷惑防止条例に抵触する恐れがある。残念なことに、夕方から深夜まで長時間、一カ所の喫茶店で勧誘されていたのに、適度に広くて客の出入りのけっこうある場所ではかえって人目につきにくく、誰もおかしなことが進行していると気がついてくれなかった。彼女にも、これは都条例違反の犯罪行為ではないかなどという発想や認識もない。

またプロダクションの事務所でサインを迫られる場合も、かなり暴力的な例をいくつも聞いている。物理的な暴力が振るわれるわけではないが、場の設定そのもの、会話の運びそのものが、心理的な威圧感を与えるようにできている。バリエーションはいろいろだが、総じて以下のような状態で、サインをせざるを得なくなるのである。

事務所に通されると、いちばん奥の、入り口から離れた席に案内される。世俗的に言えば上座であるが、その時点で逃げ道はふさがれる。女性が、逃げ口をふさがれた状況だと気がつくのはいよいよ抜き差しならなくなったときだ。最初は丁重に扱われているかのように錯覚する。

目の前にはたいてい複数の男たちが座る。一人対複数で対面させられたとき、威圧を感じる場合とフレンドリーな雰囲気が醸される場合とがある。意識的に行っているのかどうかはわからないが、友好的な雰囲気を醸す人と見ただけで威圧感を与える人とに役割が分かれているようで、女性スタッフが座ることもある。女性スタッフが入ることで安心感を与えるのだろう。

男たちの前には、本人の運転免許証や学生証のコピーおよび写真などが並べられる。面接用の写真を撮るよ、などと言われて、セミヌードやヌードの写真を撮られていれば、それが並べられることもある。これらの書類は女性に対する脅しや威圧として無言の作用をする。女性はあらためて、自分の身元が抑えられていることを自覚せざるを得ない。写真がどのように使われるかも心配だ。大抵の場合は、親や知り合いには知られたくないと思っているから、脅しとしては有効だ。

こうした場面では自分の意見を言えるような雰囲気ではなく、サインに応じる以外にどうすることもできなかったとの話は、たくさんの女性たちから聞いている。サインをしても、まだ、いよいよとなったら断ろうとの希望的観測を持っている人もいる。相談にくるのはこの希望的観測がついえた人たちだ。

†内容を理解せず、あるいは誤解して契約する

一般的にも、契約書を交わすにあたっては、契約に関する説明と同意が必要だが、彼女たちの話を聞くと、語の正しい意味で「説明と同意」がなされているとはとても思えない。

プロダクションやメーカー側は、いざ撮影となって話が違うと異議を唱える女性に対して、撮影内容はきちんと説明していると主張することがしばしばある。説明したことは事実であろうが、説明したことを、された相手が理解したかどうかは極めて疑わしいのだ。自分がやることについてあまりよく理解していない人に、本質的なことを理解できるように説明するのはむずかしい。同意するには理解が必要で、相手がわかりましたと言ったか

らといって、妥当な契約だったとは必ずしも言えないのだ。

説明と理解の関係は、互いの経験値や知識が同程度の場合は、説明すれば理解するし、わからなければ質問もできる。しかし、スカウトされて初めてアダルトビデオというものに出演することになった女性の知識と、アダルトビデオの業者の知識や経験知との格差は極めて著しい。説明したことと理解したことの間には、当然齟齬がある。むしろ、この齟齬を利用して説明し、承諾を得た形を取っているように思われる。このからくりに女性はもちろん気がついていない。

この齟齬をもたらすものは、女性の願望とプロダクションやメーカーの思惑の間にある大きな落差だ。

一概に、タレント、モデル、アイドルと言っても、そのイメージの幅は極めて広い。例えば、グラビアモデル一つとってみても、男性向けの新聞や週刊誌のモデルなのか、女性向けの雑誌のモデルなのか、そのイメージするところはまったく異なる。

彼女たちの話を聞いていると、なかには、それってどんなことするの？　と好奇心で近づいている場合もあるが、男性向けに性的なポーズをとることなど最初からまったく想定していないことも多い。仮に〝男性向け〟〝性的〟を想定したとしても、アダルトビデオ関係者と彼女のイメージするところは大きく違っており、その違いを確認しないまま、ことが進んでいく。前章の例でも、Aさん以外の人たちは、途中で、あれ？　と思い、なにがしかの不安や疑問を持つことはあっても、そのことを特に関係者に聞きただそうとはしていない。自分の願望に引きずられて判断し、行動しているようだ。

こんな例もあった。

原宿でスカウトされた人の話だ。

スカウトマンに、「ヘアモデルにならない？」と声をかけられた。「ヘアモデルで、バイトできるなら、いいかっ」とついて行ったが、そこは実は、アダルトビデオのプロダクションだったという。しかし、事務所に連れ込まれた時点で、彼女一人の力ではどうすることもできず、契約を交わしてしまった。スカウトマンの言葉自体は、表面的にはまったくの嘘と言うこともできないだろう。「ヘアモデル」の通常の理解は、頭のヘアモデルだが、この場合は、アンダーヘアのモデルの意味として使われていた。いくらなんでも冗談でしょ、と言いたくなるほどのばかばかしさだが、彼女はその翌日、相談に駆け込んできた。

「グッズモデルにならない？」と声をかけられた女性もいる。「グッズ」と言われて、性的な、たとえば自慰行為用のグッズを想定する人がいるだろうか。

†どんな契約でも「守らなければならない」と考える

このように、若い人の誤解と無知に巧みにつけ込んでいるように思われる契約だが、相談依頼者たちの多くは、「契約したのは自分だ」という意識はしっかりと持っている。強引にさせられた契約だとの認識はあっても、最終的にサインしたのは自分だと考える。手をつかまれて力ずくでサインさせられているわけではないからだ。そして、契約は契約なので、守らなければならないものと考えるのである。

出演を止めたいから契約を破棄したいという相談はある。しかし、契約の内容そのもの、契約のプロセスそのものが理不尽で納得がいかないから破棄したいという相談は、じつは一件もない。

契約という仕組みは、若い人たちを縛る巧妙な仕掛けだと思われる。

契約書にサインをするという、一人前の社会人であることを前提とする行為に関して、若い人たちの無知というか生真面目さ、実直さが目立つ。内容もわからず契約書にサインをするなど、一人前の社会人のすることではないし、サインを強要されたら怒るのが社会人としては当然だと思うのだが、そうした自覚はない。契約内容の理不尽さに抗議することよりも、契約だから守るべきものという理解が先に立っているのである。一方で、自らサインをしたということの自覚と責任感は大きい。要するに社会的にアンバランスで未熟なのだ。

私たちは、相談依頼者を通じて、本人とプロダクションやメーカーなどと交わされる各種の契約書を入手しているが、どの契約書も総じて、とても対等な関係にある者同士が交わす契約内容とは言いがたい。ただし、本人自筆の署名があり押印があるので形式的には契約書として成立している。内容に重大な錯誤や瑕疵があるとの理由で破棄させるには、弁護士を通じて交渉するか、裁判で争うかしなければならない。通常は、若い女性にそのような力はない。そして、多くの女性は人に相談しようとはせず、一人で抱え込む。袋小路に入り込んでしまうのだ。袋小路の先は、AV出演しかないように思えるのだ。

契約書の内容を、女性は理解できないか、理解しようとしないことを前提として、ことが運ばれているように見える。契約書の内容がいかに片務的で、いったんサインしたらいかに女性を縛ることになるかについては補遺で詳述する。

❸なぜ撮影現場から逃げ出せないのか

私たちは初回面接のときに、本人の主訴を確認するために、どのような商品がどのように販売されているかをインターネットで確かめる。しかし、撮影現場で実際に何が行われたか、彼女が何を感じていたかなど、そのときの状況や気持ちは、積極的には聞き取ってはいない。現場で起きたことの詳細を彼女たちは語りたがらないし、私たちもあえて聞く必要はないと考えている。撮影に至る経緯を聞くことのほうが中心だからだ。

それでも、断片的に撮影のときに自分がされたこと、自分がやったこと、そのときの自分の気持ちなどを語ることはある。

†撮影が始まって初めて事態を理解する

初めてアダルトビデオに出演することになった女性たちの多くは、アダルトビデオそのものについて、性的に過激なものという抽象的な理解はあっても、具体的にどのような行為を要求されるのかはよくわかっていないことが多い。また、シナリオやその日のスケジュールを、事前に渡されることもあまりないようなのだ。Dさんが、事前に一日のスケジュールをメールで送られているが、そんな人は、相談依頼者のなかでは例外的である。

当日、撮影が始まって、自分がイメージしていたこととまったく異なる現実を目のあたりにして、驚き、言いようもないショックを受ける。撮影の、いつどの時点で事態を認識し、ショックを受けるかは、それぞれに異なる。

例えばDさんのスケジュール表を例に取れば、最初は喫茶店などでのインタビューシーンから始まって、主役の女性の紹介をする場面が撮られる。ここまでは、撮影はこんなふうに進行するんだなと受け入れられるだろう。しかしそこから先がある。最初はソフトに始まり、どんどん過激になっていく。すべてがセッティングされ、自分以外のスタッフみんなが「前向き」に撮影に臨んでいるなか、この流れを、初めて撮影に臨んだ女性一人の力で中断させることはむずかしい。

逆に、強姦をテーマにしたアダルトビデオでは、いきなり強姦シーンの撮影から始まるという。本人がそのようなことを予期していないから、より刺激的な〝絵〟が撮れるという、業界の常識があるようなのだ。ある意味、撮影する側のそうした思惑通り、出演する女性はここで驚愕し、ショックを受ける。その時点で本人が不同意なのだから、まさに強姦と同じようなシチュエーションとなり、しかしそのまま、ことは進行する。

自分が何をされるのかがわかって、号泣して抵抗し、止めてくれと頼んだが聞き入れられず、強行された、という話も聞き取っている。一例や二例ではない。また、撮影現場から裸のままエレベーターの入り口まで逃げたが、そこで取り押さえられ、引き戻されたという話も聞いている。号泣して抵抗したり、裸のままでもいいから逃げ出す力がある人もいた。その力があっても、強行されているのである。

†抵抗し逃げ出す気力を奪われる

撮影の現場は、スタジオやホテルの一室などで、初めて連れてこられた女性には勝手がわからない、いわば閉ざされた場で、逃げ道などわからないのである。建物の外部の状況もわからない。つまり、多くの女性たちは、自分がまったく知らない一室に導かれてそこに撮影の場を設定され、カメラが数台設置され、複数のスタッフに取り囲まれた状況の下で、抵抗したり、逃げ出したりする気力を奪われる。スタッフには、なだめ役（主として女性）と脅し役とがいるようだ。

その場に及んで「なぜ撮影現場から逃げ出さないのか」という問いは、強姦された女性に対する、「なぜ逃げなかったのか」という問いに通じるものがある。強姦されそうになったとき逃げられない理由の一つに、怖くて身も心も金縛り状態に陥って逃げ出せないということもあるし、下手に逃げ出して殺されるよりましという心理が働くこともある。アダルトビデオの撮影の場合は、さすがに逃げたら殺される、ということはないだろうが、しかし大勢の〝プロの〟〝大人の〟スタッフに対して一人で抵抗するのは相当むずかしいだろうし、衆目のなかでいわば〝強姦〟されるような撮影では、「怖くて身も心も金縛り状態」にもなろう。ましてやAV撮影は、形式的ではあっても契約で本人同意の意思確認があり、その前提のもとに行われている、ことになっている。本人もそれは自覚しているので、そのことも逃げたい気持ちを抑える作用をする。

例えば、次のようなことを話してくれた相談依頼者がいる。

撮影現場で女性の扱いが極めて暴力的なことで有名な男優がおり、その人にだけは当たりたくないと希望を伝えておいたのに、いざ撮影となったらその男優が現れた。心を空っぽにしてなすがままにされ、早く終わるのを待った、という。撮影現場で、〝心を空っぽに〟する類いの話はよく聞く。心を空っぽにしなければできないこと自体、極めて性暴力的であるし、このようなシチュエーションでの撮影を〝演技〟とは言わないだろう。

行為そのものも極めて性暴力的であるが、その周囲を取り囲むスタッフたちによっても、女性に対する侮蔑的、侮辱的、人格否定の言葉が浴びせかけられたという話も聞いている。被写体の女性を凌辱することをテーマにした映像撮影では、ことに著しいようだ。物理的な行為によって深刻に傷つくと同時に、周囲から浴びせられる言葉によって受ける精神的なダメージは大きい。実際に凌辱が行われていると思わざるを得ないような話も聞いている。それは、抵抗する物理的、心理的な力を女性から奪うには十分なのだ。彼女にできることは、先にも述べたように、〝心を空っぽに〟して、早く終わってほしいと耐えることだけだ。

そして、その場で起きたことはその場で起きたことだけでは終わらない。彼女たちのなかには、その傷がトラウマとして残り続ける人もいる。

❹なぜ辞められないのか

撮影現場には拉致されて行くわけではないのだから、撮影現場から逃げ出せず、一度は応じてしまったとしても、どうしても撮影が嫌であれば、次の撮影に出向く必要はない。普通はそう思うだろう。ところが、相談依頼者のなかには、何度も撮影し何本もアダルトビデオを発売されてしまった人もいる。一回でも出演してしまえば、決して一回では終わらないのである。

なぜ彼女たちは辞められないのか。

理由は簡単で、脅されているからである。脅しはおもに二つ。〝身バレ〟と契約の問題である。

†身内や知人には絶対に知られたくない

最初の一つ目は、要するに、自分の性的な映像がプロダクションの手にあり、しかも自分の身元が知られているために、いつ家族や知り合いにバラされるかわからない、ということである。

女性を勧誘するスカウトマンの常套句の一つに、「絶対にバレるなんてことはないから」

というのがある。スカウトマンのこの保証の意味は彼女たちにとっては重い。相談依頼者の多くは、そのときこの言葉を信じている。バレなくてお金が稼げるならいいか、とか、タレントやアイドルへの道として通らなければならない通過点で、バレないですむなら我慢するしかないか、などと納得する。いずれにしても、彼女たちは、タレントになるという夢やお金のために、自分自身の性交行為を自分に関わりのない不特定多数の人間が見る分にはまだ我慢するしかないと思うが、身内や友人、知人に見られるのは絶対に嫌なのだ。

スカウトマンは、初期には〝身バレ〟や〝親バレ〟はしないからということを強調する。この段階では、スカウトされる多くの女性たちは、その問題の深刻さを実感できていない。撮影が実施され、いよいよ商品としての映像がＤＶＤなりネットなりで販売されて初めて、出演した結果、その現実を実感できる場合が多いようだ。

というのは、ネットに出ている動画の自分、コンビニの雑誌の付録になっている自分、ＤＶＤで売り出されている自分を目の当たりにして、遅ればせながら嫌悪と恐怖を抱くのである。なにがしかの動機を持って主体的に出演を承諾し撮影に応じた人も、実際に商品を見、その販売や流通の広がりを見て、事後的に恐怖を覚える場合があり、このような人もまた相談に駆け込んでくる。最もプライベートな性交行為の姿態を、知り合いの誰彼が知っているかもしれないということに、言い知れぬ自己嫌悪を感じるのであろうが、なぜ、嫌悪と恐怖なのかはほとんどの相談依頼者は自分の言葉としては語ることができない。辛うじて、「自分をこれ以上嫌いになりたくない」「屈辱的」と言うくらいである。

バレなければ我慢できると思っていても、実際に自分の映った商品が流通すると、嫌悪と恐怖を感じるのだ。ましてや、家族や知り合いには絶対に見られたくないという思いは、さらに強くなるだろう。しかし、いったん出演してしまうと、〝身バレ〟は出演を強行する脅しの手段になっていく。親の名前や住所、学校の名前など身元を知られているので、「嫌だと言うなら、バラすぞ」という脅しは、撮影を継続させるためにきわめて有効に作用する。バラされたくないのでやむなく出演を続けたという話はよく聞く。

前章で紹介したCさんは、最初のイメージビデオ発売後ほどなく、街中で通りがかりの見知らぬ男性に、「もしかしたら○○（女優名）さんじゃない？」と声をかけられ、恐怖を抱いたという。出演させ続けるための業者側の仕掛け、サクラかもしれないとも思わせられるエピソードである。真偽のほどは定かではない。うがち過ぎかもしれない。見知らぬ道行く男性に顔を知られているとわかることで、女性は、もうアダルトビデオの世界から抜け出せないとの思いを深くするようだ。出演作品を通して不特定の男性に顔を知られているということは、性的ファンタジーの世界の話ではなく、実在の、この自分の性が見知らぬ他者に特定されてしまったということだ。それが限りない恐怖なのである。

†身バレの恐怖はいつまでも続く

じつは身バレすることは、それはそれでアダルトビデオ業者にとっては、都合のいい話でもある。身バレしたこと自体を、お前の責任だとした上で、「こうなった以上、アダルトビデオを続ける以外にないね」と追い打ちをかける理由になるのである。

アダルトビデオに出演している女性に対する世間の差別的なまなざしには激しいものがあり、そのことを相談依頼者たちは身バレによって身をもってわかる。したがって、いったん、アダルトビデオに身を置いた以上、ここで生きていくしかないと〝覚悟〟せざるを得ない。そう語った相談依頼者は何人もいる。

アダルトビデオに非常に多く出演している女性がこう語っていた。

「もう抜けられないって〝覚悟〟しちゃった……。そんだったら、稼げる間に稼げるだけ稼いでおこうって思って……。」

この人は、このように〝覚悟〟したのだけれども、それでも相談依頼者として私たちのところへ現れた。〝覚悟〟というと聞こえはいいが、それは、まだ若い自分の人生について、他の可能性を〝諦める〟ということとも同義なのだ。

アダルトビデオに出演した人の苦悩は辞めた後も続く場合がある。

冒頭で紹介した相談メールを送信してきた女性は顔の整形手術をしているが、相談依頼者のなかには、出演し、作品が販売されたのち、整形手術に多額の費用を投じている人もいる。怖くて外出ができなくなったという話をする人が少なくない。いったん、自分の顔が認識されないかという恐怖を抱いた人の日常生活は、脅迫神経症的と言ってもいい。自縄自縛に陥り、怖くて買い物にも行けないという。また地元には住めなくなり、家族ぐるみで引っ越しを余儀なくされたという話も聞く。

ネット社会の現在、ネットに拡散する自分の映像を自己管理できない問題は深刻で、生涯を通じて拡散し続けるのである。ある年齢で、それぞれの判断で出演したとしても、そのときの判断に一生縛られるのが、ネットに流出した映像の問題である。スカウトの時点でこの問題が伝えられることはまずない。

†契約には違約金がつきもの

二つ目。契約の問題だ。

出演しないという契約違反をすれば、多額のお金を支払わなければならないのである。

もちろん、契約は、契約した女性の側から破棄することはできる。ただし、破棄するためには途方もなく多額の「違約金」が要求される仕組みになっている。この章の冒頭で紹介した女性は、「契約書のなかの違約金800万（動揺していてうろ覚えな所もありますが、おそらくそのくらいでした）という文字も突き刺さっていた」と述べている。この日のこの時点で彼女の契約が終了していたのかどうかは定かではないが、少なくとも、まだ出演もしていないのに、すでに多額の〝違約金〟が提示されたのだ。それがおかしな話であると指摘する力量も余裕も、彼女にはない。彼女の目に留まった「違約金800万円」が、その後、絶大な効果を発揮したことは確かだ。

出演そのものを拒否したり出演内容に関して拒否すると、契約違反だからといって、とても支払えないような金額を請求される。一〇〇万円、二〇〇〇万円はごく普通で、ある女性の場合などは、親戚に泣きついてその家を抵当に入れて違約金を工面していた。この金が支払えない女性たちは、撮影に応ずる以外の選択肢はない。そういう契約なのである。

Cさんの場合は、最初は一〇〇〇万円の違約金で、そんな額は支払えないからやむなく出演した。しかし出演回数を重ねるにつれて、金額は一〇〇〇〇万円にはね上がった。これは珍しい話ではないのだ。

彼女は、先述したように、プロダクションから出演を拒否した賠償として、契約書を盾に二四六〇万円の損害賠償金を請求されている。賠償金の内訳は、閲覧制限により正確にはわからないが、支援団体がプロダクションとの間に入って契約破棄の通知をした直後に、Cさんが請求された損害賠償請求内容から推測するに、おそらく以下のような内容だろう。プロダクションは、Cさんをメーカーに売り込み、そのメーカーで九本のアダルトビデオに出演することになっていた。メーカーから支払われるはずであった出演契約料の損害分とタレント売り込みに要した諸費用などであろう。この賠償額の高さに驚かされるが、アダルトビデオに出演した女性一人の商品価値というふうに見ることもできる。

ほかにも、もう出演は嫌だと断ったら六〇〇〇万円余の賠償金を請求されたという例がある。実際に女性が受け取っていた出演料は五〇〇万円だった。この取り分が妥当であるのかどうか、私たちには判断材料はない。

こういう例もある。契約したけれども出演するのが怖くなって解約を申し出た。違約金として一四万円を要求されたという。一〇〇万円ではなく一四万円であるところが絶妙で、若い女性でも払えなくもない金額だ。ということは、女性が出演してもしなくても、契約さえ取っておけばプロダクションには金が入るということだ。こうなると、アダルトビデオ業界の入り口での新しいビジネスモデル（一種の詐欺）ではないかと思えてくる。

❺彼女たちに共通していること

以上、スカウトから始まって、出演したアダルトビデオが販売されて世に出るまでの事態を、女性の状況に即して語ってきた。ここでは、そこから見えてきたことをまとめてみたい。

まず、彼女たちには、いくつかの共通する性格特性があるように思える。①未熟で社会性がない、②気が弱くなかなか嫌とは言えない、③生真面目で律儀。

†未熟で社会性がない

未熟であること自体は問題ではない。若者は多かれ少なかれ未熟で社会体験に乏しい。失敗や成功を通して成熟していく。ただ未熟は、なにか困った事態が起こったときの対応能力の低さに通じる。

未熟に関しては、「当事者意識」をキーワードに考えることができるように思われる。

相談依頼者は、困った状態に陥ってしまった当事者である。しかし、当事者であることと、当事者として自分で問題を引き受けて解決していこうという当事者意識を備えているということとは、別のようだ。Bさんの例で顕著だが、相談依頼者は概して、濃淡の違いはあるが、自分が当事者であるという意識が欠如しているか、希薄であるように思われる。一つには、自分では処理不可能な事態に陥り、やっとの思いでPAPSの窓口に辿り着き、私たちに面接すると、ここで何とかしてもらえると考えてしまうのだろう。それ以上の、自分で事態を動かすエネルギーが枯渇してしまうようなのだ。Bさんの例など、読者も非常にもどかしい思いがするだろうが、こうした当事者意識のなさは、Bさんに限ったことではない。

特に相談を開始したばかりのときには、支援者に極めて依存的になる時期があるようだ。例えば、弁護士に依頼するための書類一つ用意するのも、自力ではできない人もいる。しかし、ずっとそのまま、というわけではない。私たちのような他者に相談し、自分が抱えている問題が整理され、自分がどうしたいのかわかると、自分でも徐々に積極的にその問題に関与するようになる。成長するのだ。強くなっていく様は時間をかけて相談していると伝わってくる。

あるメディアの担当者が、〝被害者〟にインタビューしようとし約束を取りつけた。弱々しく打ちひしがれた〝被害者〟が現れることを想定していたら、力のあるしっかりした女性を目にしてびっくりしたという感想を漏らしていた。この女性だって、私たちが初めて面接したときには、どこから手をつけたらいいのかわからないくらいにおどおどしていた。Eさんもそうだ。自分が体験したことは消えないけれども、これからは「図太くなれそう」と言えるまでになった。

当事者は、自分の問題にしっかりと向き合うための支援を受けることによって、当事者意識が育ち、成熟していくのである。

†気が弱くなかなか嫌と言えない

気が弱くて嫌とは言えない、という問題は、単に性格的な弱さではなく社会性のなさ、処世術のなさとも言い換えられる。つまり、未熟だから弱いのだ。

なぜ嫌と言えないのか、ということについては先に、スカウトマンの「巧みな誘導と会話の主導権」のせい、と書いたが、逆に言えば、スカウトされる女性の社会性のなさ、処世術のなさにつけ込まれて強引に主導権を握られてしまっている、ということでもある。

アダルトビデオに出演させられそうだと危惧を感じた女性は、なんとか断ろうとする。しかし断ろうとすればするほど、その断りの理由をひとつひとつつぶされ、追い詰められてしまう。どのような理由をつけようとも必ず反論が来て、反論に反論できなくなるのだ。契約書にサインしたくない理由を相手に告げなければならない理由などなく、単純に嫌だと言い、無視すればそれでいいのだが、そのような大人の判断はできないのだ。彼女たちは、嫌である理由を説明しなければならないという気分にされ、このような状況に持ち込まれれば、最後には屈服させられる。彼女たちはじつに律義に会話に応じている。

†生真面目で律儀

処世術はないが、基本的にはとても生真面目で律儀さが目立つ。

実際に自分が想定もしていなかった行為を迫られて、拒否しようとするとき、プロダクションやメーカーには、女性を説得するための決まり文句があるようだ。

「契約したでしょ。契約した以上はそんな簡単には解除できないんだよ。」

契約という社会的行為に関して、一方的に破棄してはならないもの、守らなければならないものという理解が、彼女たちには共通してある。一般論としてはその通りなのだが、契約そのものの理不尽さに対して、異議申し立てするという発想がない。

極め付きの決まり文句。

「これは、〝お仕事〟なんだから、やらないってことでは済ませられないんだよ。」

〝お仕事〟として金銭が媒介していることを、彼女たちは十分に承知している。だからこそこの文句が効くのだ。

ある相談依頼者は言っていた。

「撮影中はみんながテンションを上げてくれるのでよかったけど、終わったあとはいつも罪悪感があった。でも仕事なので責任感を持たないといけないと思っていた。なにかあったらカメラを止めるから言ってねとは言われていたが、ちょっとしたことで止めたら撮影は進まないし、〝あの子はデリケートだから〟と言われるのが嫌だった。」

〝お仕事〟をしている以上、仕事に専念できないなんて事態になるのは、自分のプライドが許さないのだ。

「〝お仕事〟なんだから、頑張らなくちゃ、と思った。」

何人もの人が、嫌なのになぜそんなに我慢し頑張ったのかという説明をする場合に、そう言うのである。

†断っては悪い、なんとかしてあげたい、と思ってしまう

律義で生真面目という性格特性は、アダルトビデオに出演する女性の性格にそぐわないのではないかと思う人もいるかもしれない。一般的には、アダルトビデオに出演するような女性は、いわゆる「すれっからし」の「不良」だろうと思われているかもしれない。そのような「どうしようもない女」だと公言してはばからない、業者側の弁護士もいた。しかし、私たちが出会った女性たちは、このような世俗的な理解とはかなり異なる人が多か

った。

相談のアクセスがあった場合、私たちは必ず本人確認のために面接をするが、初回面接のときによく語られるのは、こんなエピソードである。

スカウトマンは、最初からアダルトビデオだと言うと拒否されてしまうから、スカウトというよりもどちらかというとナンパの感じで女性に声をかけ、メールアドレスの交換をする。食事に誘ったりなどして、何回か付き合いを重ねる。その付き合いのなかで女性は、自分の悩み、つまり、恋愛であったり、仕事であったり、お金であったり、ごく普通の若い女性たちが抱いている悩みを〝真剣に〟〝親切に〟聞いてもらうのである。そのようにスカウトマンと個人的に仲良くなり、だからスカウトマンの言うことを信用する。

「もう、長く付き合っている人だから信用できるかなって思って……。」

「長く付き合っているって、どのくらい付き合っているの。」

「二カ月くらいかな……」

面接している支援員のほうが絶句する場面だ。

いずれにしても、スカウトマンを信用した女性は、彼のメンツをつぶすようなことをしたくない、と思うに至るようなのだ。だから、スカウトマンの勧めるメーカーの事務所にも行く。そしてメーカーの人とも仲良くなり、その彼をまた信用していくようになる。私的な悩みを聞いてもらうことで、彼らは、彼女にとって頼れる存在になっていく。そういうプロセスがある。

あるいは、ヌードの撮影会などを行ったときに、ヌードになった自分に手を出してこない人、イコール、いい人、自分は大切にされているという理解の仕方もある。一緒に酒を飲んで酔っ払ったときに家まで送ってくれて、そのときには何もしなかったということが、信用する決め手になった女性もいる。

自分にやさしく親切にしてくれるスカウトマンやメーカーの人にアダルトビデオへの出演を勧められて、AVは嫌だと言って拒否すること自体、なんだかその人たちを否定しているような、悪いことをしているような気になっていくのである。

こんないい人だから大丈夫、この人の成績を上げてあげようという気持ちが働くようになるのだという。この気持ちの動きを、幼いというか、律義というか、生真面目というか迷うところだが、一定の関係性のできた人を困らせたくない、良くしてあげたいという思いの結果としての、AV出演オーケーなのだ。人間関係の作り方が希薄といえば希薄なのだ。そのような若い女性に近づくことのできたスカウトマンは、手間がかからなくてラッキーと思っていることだろう。

†タレントやモデルが憧れで、貧しい

もう一つ重要なことは、彼女たちはタレントやモデルになれたらいいな、という願望をなんとなくでも持っているということと、概して貧しいということだ。スカウトマンはそこを突いてくる。

「稼げるバイト」であること、仕事は「タレントやモデル」であること。

そのどちらも、本人からすれば、拒否する理由はない。

Bさんは、スカウトされたとき「なんだか夢みたい！　と舞い上がるくらいに嬉しかった」と言っている。Cさんは、君ならすぐにグラビアのモデルになれると言われて、「うっそぅ」と思ったと言っている。読者モデルから人気が出てトップモデルやタレントになった、というような話が現実にあるなか、タレントやモデルは「もしかしたらなれるかもしれない」という、きっかけさえあれば手が届く願望で、決して夢物語ではない。

願望はあるが、それをかなえる手段がない。お金もない。地方で非常勤職をしていたEさんは、おこづかいを貯めて東京に遊びに来ていたときに、「すごく稼げるバイトをしないか」と言われ、心惹かれている。「一～二時間の撮影で三万円」は、いわば時給一万五〇〇〇円。時給八五〇円の普段の生活から見れば考えられないほどの高収入だ。「君なら

絶対にもっと稼げるようになる」と何度も言われ、上京の交通費まで出してもらい、彼らの要求を断れなくなっていく。彼女の場合は、いよいよ弁護士と相談することになり切羽詰まったなかで、上京のための深夜バスの料金をどう工面するかすら大問題だった。地方から上京するための交通費を出してもらっている人は他にもおり、珍しい話ではない。交通費を出してもらうことによって、断って引き返す手段が奪われる。

彼女たちの経済状態は、その語りからも推測できるし、いよいよ弁護士に受任依頼するときの法テラス（総合法律支援法による弁護士料の立て替え制度。月収およそ一八万円以下の所得制限がある）の利用状況からもわかる。

出演したアダルトビデオの発売をやめたい、あるいはすでに発売された商品を回収したい場合は、メーカーなどとDVDの発売停止や販売停止、回収などを法律的に交渉しなければならなくなる。このときに弁護士に介入を依頼するのだが、多くの人は法テラスの利用を希望する。

二〇一五年一二月現在、相談依頼者を弁護士に紹介した事例は二九件あり、そのうち、法テラス利用者及び法テラス利用基準を満たしているものは一九件で、六六パーセントになる。若干古いので単純に比較はできないが、日本司法支援センターが行った「法律扶助のニーズ及び法テラス利用状況に関する調査報告書（二〇〇八年）」と対比してみると、このときの調査では法律相談ニーズのある者のうち法テラス該当者は三三パーセント、若者層（二十～二十九歳）では四六パーセント。それと比較すると私たちへの相談依頼者はかなり高い比率で法テラスを利用している。経済的には決して豊かではない層が多いということだ。

なお法テラスは、法律相談は三回まで無料で、そのあとの弁護士費用に関しては立て替え払いで負担してもらえる。弁護士費用は最終的には本人が支払うことになるが、最低でも二〇万から三〇万かかる弁護士費用を支払うゆとりのない人にとっては、この制度を使えばともかくも弁護士に依頼することができる。相談依頼者のなかには、メーカーやプロダクションとの交渉が成立し、月々一万円から五万円ほどの返済が始まっている人もいる。

†警察に駆け込めないのにはわけがある

相談依頼者たちに共通する性格特性や社会的・経済的背景などを見てきたが、ほかにも、次のような重要な共通性がある。

客観的に見れば強姦に等しいことがなされているのに、警察に助けを求めない、ということだ。なぜ警察に相談に行かないのだろうか。

本人の意に反して性行為を強要されれば、それは強姦だ。撮影現場で「嫌だ」と言っても強行されてしまった、というのであれば、警察に駆け込めばいいと、と言う人もいるかもしれない。夫婦間であっても意に添わない性関係の強要は強姦だとされている時代だ。まして、アダルトビデオの撮影という、そもそも演技ではない性交行為を前提としている撮影現場で起きていることなのだ。

Aさんの場合などは、撮影どころか、最初に強姦された挙句アダルトビデオ出演を余儀なくされている。その時点でなぜ警察に駆け込まなかったのかと言う人がいるかもしれない。しかしAさんは、先に述べたようにショックで虚脱状態にあり、ようやく意を決して警察へ相談に行ったときには、撮影の事実が積み上げられてしまって、合意が成立しているのではないかと判断された。警察のこうした判断は決して珍しいことではない。ほかにも、警察に、被害として事件化することは難しいと言われた女性もいる。

相談を寄せてくる女性のなかには、確かに、自らネット検索をして応募したり、スカウトマンと共に事務所に行ったりして、自発的にアダルトビデオに出演しようとしているように見える人もいる。しかしその時点で自発的だからといって、その女性の身体を使って何をしてもいいということにはならないだろう。先にも述べたが、なるべく性的に過激な映像（この場合の過激とは、女性をとことん凌辱する映像を撮ることであり、拷問の実写といってもいい）を撮りたいメーカーの思惑（及び視聴者の願望）と女性の撮影内容の理解の間にはしばしば大きな乖離があり、ここが問題となるのだ。

映像で見るかぎり女性は嫌がってはいないように見えることも多い。ここには極めて狡猾なトリックがある。何をされるのかがわかって、直前まで撮影を拒否して号泣して訴えたが強行されてしまったという女性の映像を、動画削除のボランティアが実際に見ている。映像のなかの彼女は、ついさっきまで号泣していたとは露ほどにも見えなかったという。しかし、だからなんの問題もない、とは言えない。視聴者の多くは号泣して拒否している女性の映像を見たいわけではないだろうから、もちろんそんな映像は削除される。そして、どんなに嫌がっていても最後には女性の身体は快楽を覚えるという神話的なストーリーにのっとった作品に、巧妙に仕立て上げられるのだ。売れる商品にするために、それなりの編集をしているのである。AV作品は犯罪の証拠映像になるが、同時に映像に関するリテラシーが必要なのだ。

重ねて言うが、性交行為を拒否しているのに実行しているとすれば、強姦だ。しかしながら、契約があるゆえに、かつ、アダルトビデオという商品を作成する商業的なプロセスで起きるがゆえに、女性が号泣して嫌がっていても、撮影は合法だとされてしまうのが現状だ。

その上、例外はあるにはあるが、親や家族にだけは知られたくない、相談できないという彼女たちの気持ちが、事態の深刻度を深めている。結果、彼女たちは一人で悩むことになり、「どうしたらいいのかわからない」という思いで、私たち支援者に相談依頼してくる。

†契約が結べるのは成人になってから

相談依頼者の多くは、まさに二十歳前後の女性たちである。

一様に、女性たちは、自分の姿かたちがどのように見られるかは気にするが、自分の年齢の法的意味合いに関しては、無知もしくは中途半端な知識しかないと言っていい。例えばDさんは、スカウトマンから、実際の年齢よりも若く見られたことに反発して、「もうすぐ二十歳になるのよ」と言ってしまった。

女性の年齢を気にするのは、プロダクションやメーカーのほうだ。当人に接触して以降どこかの時点で、免許証なり学生証などで生年月日を確認する。これから交渉しようとする相手が、児童年齢か成人に達しているかが、契約をする上で極めて重要になるからだ。

Aさんの場合は、スカウトされたその日に学生証により年齢確認をし、契約をさせている。

Bさんの場合は、スカウトされたときには二十歳になっておらず、二十歳の誕生日を迎えたところで、「専属芸術家契約書」にサインしている。契約に至る経緯には、プロダクション側にも言い分があろうが、私たちの目から見ると、スカウトされて二〜三カ月はジム通い、プチ整形などで時間稼ぎをして、二十歳になるまでBさんをつないできたと思えるのである。マンション契約に関しては、第三者である不動産屋が関わる契約なので、年齢はごまかせない。二十歳になってすぐにマンションの契約もしている。もっと早く二十歳になっていれば、もっと早く出演させられていたことだろう。プロダクション側がタレントになる道筋としてやらせていたプログラムは、本人の借金になるという重しの意味はあるものの、AV出演に特に必要のない事柄に思われるからだ。

Cさんの場合、年齢はかなり微妙だ。スカウトされたときには十八歳未満の児童年齢だった。だから、「着エロ」写真や動画を撮れば児童買春・児童ポルノ法に抵触する（しかし、これは法律的な建前であって、現実には子どもの「着エロ」はあふれており、法は実効的に機能していない）。ただ彼女はスカウト直後に十八歳になったので、法に抵触しなかった。十八歳になってから二十歳の成人に達するまで、約二年間は、プロダクションによって動機づけされながら、後半は脅しを受けながら、つなぎ止められていた時期のように思われる。

Cさんは十八歳になってすぐに、第一次の「営業委託契約書」を結んでいる。法律的に

2012	2013	2014	2015	2016 (〜8.31)	累　計
1	1	29	83	104	218

表１　相談依頼件数の推移（AV被害者相談支援事業に寄せられたもの）

は、未成年者の契約なので親の同意がなければ効力はない。しかしCさんは、「契約を交わしている」ということが強烈に意識づけられ違約金に縛られて、その後は、出演が強要されていく。二十歳になるとすぐに第二次契約が結ばれ、本格的なAV女優の道一本になる。なお、一次契約と二次契約の違いは、「アダルトビデオ」の文言の有無だけである。

Ｅさんは、契約したときに二十歳を過ぎていたので、現行法上では、その内容に瑕疵や錯誤のあるなしを裁判で争わなければ、契約を履行する以外にないように見える。しかし、「はじめに」で触れた二〇一五年のアダルトビデオ出演拒否損害賠裁判で女性側が勝訴したことで、別の可能性も見えてきた。少なくとも契約を結ぶプロセスに疑問があれば、支援団体や弁護士が介入し、プロダクションや制作会社と比較的スムースに交渉が行われるようになってきている。

❻相談内容から見えること

ＰＡＰＳに初めて、アダルトビデオ出演を強要されたという相談があったのは、二〇一二年である。この年からの相談件数の推移を表１に表した。なお、PAPSとライトハウスが協働して相談事業を開始したのは先に述べたとおり二〇一五年四月からである。

二〇一五年以降、飛躍的に相談件数が伸びたのは、同年九月のアダルトビデオ出演拒否賠償裁判での女性側勝訴の記者会見が大きく報道され、「AV出演強要」という被害の社会的認知度が一気に上がったためだ。PAPSやライトハウスなど支援団体も紹介され、無名の団体がメディアによってお墨付きをもらったような印象である。

相談のためのアクセス・ツールは現在、メール、電話、LINE、ライトハウスの相談アプリne-neの四種類である。

相談の受け皿ができたので相談件数が急増しているように見えるが、潜在している女性は多いと思われる。全体像はまったくわからない。

†自分を〝被害者〟だと認識していない

私たちは、暗黙の前提として、アダルトビデオには性暴力〝被害者〟がいるだろうという認識を持っていたが、相談件数を重ねるにつれて、この認識は覆された。相談依頼者たちは自分を〝被害者〟だと認識していないようなのだ。

相談依頼者の意識としては、自分が被害者だからというよりも、「とても困った事態に陥っているのだがどうしたらいいのかわからない」ので「藁をもつかむ思いで相談を寄せる」という感じなのである。象徴的なメールの言葉に、さんざん自分の非を責め、悔やんだ挙句に「こんな私でも相談に乗っていただけますか」というのがある。自分に非があり、〝相談資格〟なんてないのではないかと思っているらしい人もいた。

電話相談での第一声でも、そのことは極めて端的に語られる。

「別にぃ、被害ってわけじゃないんですけどぉ……でも、わたしぃ、とっても困ってるんです……」

メールによる初回のアクセス内容は、本章の冒頭に一つ、全文を掲載したが、本人自身が考えて作成しているので第一次的資料として極めて重要と思われる。

初回メールにちりばめられている本人の言葉は、程度の差はあるのだが、自分を責める内容となっている場合が圧倒的だ。「自業自得」、「自己責任」、「署名したのは自分」、「自分も悪い」、「親に申し訳ない」、「自分が進んでやった」等々。

いろいろな言い方で、自分を責めてその上で、それでもいまの状況は耐えられないほどの苦痛なので相談に乗ってもらえないかと訴えてくるのである。似通ったトーンのメールが多く、相談依頼者の訴えの特徴的な側面だ。逆に言えば、最初に、自分は被害者だと思ってアクセスして来る人は非常に少なかった。

だが、二〇一六年に入ってから、相談意識には確実に変化があり、ストレートにAV被害者という言葉を用いる相談依頼者が散見されるようになった。各種報道やネット情報などにより、「AV被害」というものがあるという共通認識が社会的に形成されつつあるように思われる。自分が陥っているこの困難な事態を、被害として認識するか否かは支援の方向性をも規定する大切な分岐点だ。このことは項を改めて述べたい。

†最初の相談内容

寄せられた二一八件の相談のうち、アダルトビデオに関する相談は一六四件。なお、一六四件のうち男性の相談依頼者は十一人いる。これら一六四件の相談依頼者たちの、初回面接および初回アクセス時の相談内容を表2にまとめた。

相談内容は一人一件とは限らず、重複している。多い順に1から7まで整理した。相談内容の重複を典型例にすると次のようになる。

「タレントになれると言われて契約書にサインしたらアダルトビデオだった。嫌だと言ったら、違約金を払えと迫られたり、親にバラすぞと脅かされてやむなく出演した。絶対にバレないと言っていたのに、発売後じきに友人たちにバレてしまった。出演するときに、それでも販売は限定してほしいと頼み、承諾を得ていたはずなのに、ふたを開けてみたらコンビニ雑誌の付録の袋とじにＤＶＤが入れられていた。アダルトビデオの出演はもう止めたいが、親バレが怖いし違約金があるのでどうしたらいいかわからない。ともかくもいま販売されているＤＶＤやネットに流通している動画の販売や配信を停止してほしいし、回収してほしい。ネットの画像や動画も削除してほしい。」

相談内容は、要望することが明確な相談と、どうしたらいいのか自分にはわからないがともかくも困っているので相談に乗ってほしいというあいまいな相談とに分かれるが、一人の人のなかではこれらが混在している。

1	ＡＶ回収・販売停止・削除	77
2	騙されて出演	70
3	意に反した販売	55
4	ＡＶを辞めたい	35
5	違約金問題	33
6	出演強要	22
7	その他	8

表２　164件の相談内容（複数回答）

具体的な解決を求める相談内容で、突出して多く、解決してほしいことが明確な相談は、すでに販売・流通しているＤＶＤやネットの動画販売・配信について、「ＡＶ回収・販売停止・ネット上の画像や動画の削除」をしたいがどうしたらいいか、というものである。なお、制作したがまだ販売されていないものの発売中止を求める声もあり、これは１に含まれる。

次いで多いのは、「騙されて出演」したという相談である。タレントやモデルになれると誘われたのに、実際にはアダルトビデオだった、身バレは絶対にないからと言われて契約書にサインしたが、すぐに身バレしてしまった、などである。しかし、だからといって、詐欺で訴えたいという話にはならない。「騙された」ことは、あくまでも、なぜ契約してしまったのか、なぜ出演してしまったのかの説明でしかない。

「騙されて」なのであれば、刑事なり民事なりの訴えを起こす根拠になりうるのに、相談依頼者には、業者を司法に訴えるという発想はない。むしろ、ことをなるべく穏便に済ませたいという意向が強い。穏便に済ませ、周囲に知られないことを切望するのである。女性の性の問題に関して、社会は必ずしも女性を寛容には見てくれないことを、よく知っているのだ。

若い女性たちの直接的な友人や知人たちには、当然同年配の若い男性たちがいる。アダルトビデオを見たことがないという女性は珍しくないが、若い男性たちのなかでアダルトビデオを見たことがない男性は稀有ではなかろうか。同年配の男女では、アダルトビデオへのアクセス環境の格差は極めて大きく、女性たちはどうやら自分のアクセス体験をもとに判断しているようなのだ。絶対にバレないと信じていたのに、発売後、男性の友人知人から、出演しているのではないかとの噂を流され、家族にも相談できずに、青くなって相談に来る例が多い。バレないと言ったではないかとプロダクションに抗議したら、「その画像や動画は自分じゃないと言い張ってバックレなかったお前が悪い」、「バレるような不用意なきっかけを作ったのはお前だろう」などと逆に責められたという人もいる。なかには、「アダルトビデオに出ていてバレないわけがないじゃないか」と開き直られた、という話まである。

「意に反した販売」をされた、という訴えは、「AV回収・販売停止・ネット上の画像や動画の削除」を望むという訴えとだいたいセットになっている。出演に承諾はしているが、例えば、会員だけに販売する、YouTubeには流さない、と言われていたのに流されてしまった、などだ。販売の仕方が意に反しているから、回収・販売停止を求める、という関係にある。

「アダルトビデオを辞めたい」という相談は、出演前にしろ出演後にしろ、自分の性行為を撮影され見知らぬ誰かに見られることに恐怖を抱き辞めたいという内容で、これは「違約金」の問題があるので辞められないという訴えとセットになっている。なぜ出演してしまったのか、その理由と背景が説明されていることが多い。

「出演強要」されたという相談では、なぜいままで出演し続けていたのかが語られる。多額の違約金を払えと言われた、ないし家族、学校、知人にバラすと脅されたという場合が多く、したがってこれもほぼ「違約金」とセットになっている。

そして、もちろん、「違約金」とあるのは、契約書の問題である。

最初は出演を承諾しても、実際にいろいろ知ったり考えたりするうちに翻意したい場合が出てくる。翻意を許されないから「強要」なのである。厳密に言えば翻意が許されないわけではない。ただ、翻意の代償は、支払えないほど多額の「違約金」なのだ。

なお、表には出ていないが特記しておきたいことがある。それは自死者の問題である。

アダルトビデオ関連の相談者一六四件中、自死未遂者一名、自死者二名がいる。いずれも相談中に起きた出来事である。自死または未遂の原因はアダルトビデオだろうと思われるが、確証はない。従来からアダルトビデオに出演した女性たちのなかに、自死者が出ているという噂はあった。相談依頼者のなかには、撮影現場で撮影を拒んだら、その場にいた関係者から、「自殺者も出ているような厳しい現場なんだ。安易に拒否できると思うな」と凄まれたという話をする女性もいた。

2 どのように支援をするのか

アダルトビデオに関わってしまった発端には、ある程度自発的な意思がある場合もあれば最初から強制的な場合もあるが、いずれにしても、心底逃げ出したいと切望するようになる人たちがいる。にもかかわらず、抜け出せず、だんだん深みにはまってしまう理由や背景を縷々語ってきた。

ここでは次に、そうした相談依頼者たちが、支援者の力を借りて、「自分ではどうしたらいいのかわからない非常に困った深刻な事態」から、何に気がついて、どのように解決していったのか、そのプロセスを追ってみよう。

ただ、このプロセスはとても複雑で、私たちも支援を初めてまだほんの数年なので蓄積が足りず、全体状況を整理して理解しているわけではないことを断っておかなければならない。喩えて言えば、大怪我をした人が外科手術を受けて、傷自体は治ったとしよう。それでも、なんらかの後遺症が残る場合がある。この後遺症は、その程度によるが、リハビリテーションにより日常生活に支障がない程度に回復する場合もあるし、生涯を通じて回復途上を行きつ戻りつして、辿らなければならない場合もある。

私たちが行っている現在の支援の中心は、急性期の手当である。


ある相談依頼者の語りである。

その女性は、撮影前に、撮影中の行為の詳細に関して、彼女の諾否を問うシートを渡された。リストにあった「生中出し」にノーと書いた。そうしたら、露骨に嫌な顔をするメーカーの人を見て、都合のいい人間を選んでいるのだという現実に気がついたという。行為の内容は選べるよと言われていたのに、と。また、三人の男性と性交行為をする想定だったのが、実際には七人の男性との性交行為を求められて、拒否したいと思ったけれども、その場ではもう、どうすることもできなかったこともあった。そうした体験を経て、この女性は、「ちやほやされるので最初は浮かれていた」のだけれども、「だんだんと現実が見えてきて恐ろしくなった」と言うのである。

いかに儲かるか、楽しい仕事であるか、やりがいのある仕事であるか、仕事の内容は自分で選べる、など、彼女自身が聞き留めていた情報は耳に心地よい内容ばかりであった。しかし現実には、次々と考えてもいなかった事態に直面した。そして、撮影現場では自分の希望や意思を貫けないみじめさ、ＤＶＤが発売されると、今度は地方の狭い地域社会で噂になるのではないかとの現実味を帯びた不安、あるいは道行く人が自分を認識するのではないかという神経症的な不安感、焦燥感、恐怖感を味わうようになる。

そして、言う。

「なぜAVに出演しようという気が起きたのか、いまでは本当に（自分でも）理解できません。」

当事者自身にもよくわかっておらず、したがって、なぜこんな事態になってしまったのか、うまく言葉で説明することもできない。ともかくも、とても困った深刻な事態に陥ったと感じている。こうした恐慌状態の人の話を聞きとりながら、何ができるのかを私たちは一緒に考えていくのである。それは協働作業なのだ。

彼女たちはどのようにして、その「困った深刻な事態」から抜け出していくのであろうか。必ずしも相談依頼者の要望すべてがかなえられるわけではないのだけれども、彼女たちはどのようにして抜け出していくのか、それでも残ってしまう問題は何かについて、支援のプロセスを追いながら見ていこう。

❶窓口を設け、SOSのメールを受けとる

自分では処理しきれない「困った深刻な事態」から抜け出す第一歩は、他者に相談することだ。

一般的に、性被害の相談に関しては、頼るに値する適切な他者に巡り合うことそれ自体が困難なのだが、アダルトビデオに出演した、あるいは出演させられそうになっている相談依頼者も同様で、多くの人は誰に相談していいのかさえわからない。そもそも誰かに相談してもいい問題かどうかも、自分では定かでないようだ。彼女たちは性暴力被害者として社会的認知も受けていない。何度も繰り返すように、自分自身でも被害者という認識に乏しく、でも、深刻に困っている人たちなのだ。

二一世紀に入ってネットが急速に発展し、アダルトビデオは量的にも質的にも劇的な変化を遂げた。映像はより性的に刺激的に進化し、流通の範囲はグローバルである。この過激化、グローバル化の状況を見れば、なにかを訴えたい女性たちはずいぶん前から潜在的にはいたはずだ。ただ、相談の受け皿がないに等しかったので、ほとんど表に出なかったようだ。

†自分が悪いという意識が相談をためらわせる

加えて、出演料としての金銭の授受が介在している、という彼女たち側の事情もある。

このことが、相談ができないブレーキの役割を果たす。対価を得ておいていまさら、「困った事態に陥っている」とは言いにくいのだ。自分の「困った事態」は自分自身で招いたもので、〝自業自得〟なのだから、人には相談できないと考えていたという相談依頼者は多く、相談しようという発想そのものが、あまりない。自分は被害者というわけじゃない、自分も悪いのだと考えると、他者には相談しにくいのだろう。

そうした、相談しにくい合理的と思われる理由を抱えて、それでも、誰かに助けを求めたい、切実な心情に駆られ私たちにアクセスしてくるのである。

こうした現状に対して、先に述べた、PAPSやライトハウス、ヒューマンライツ・ナウのネットでの呼びかけの影響は大きかった。加えて、マスコミが「アダルトビデオ出演強要」というネーミングで報道するようになり、より声を上げやすくなったと思われる。

PAPS等のホームページに記載されている事例を読み、「これって、わたしと同じじゃん」と思い、「こんな問題で悩んでいるのはわたしだけじゃなかったんだ」と胸に落ちる。

たいへん細々ながら、アダルトビデオに関わってしまい困っている女性たちの訴えの声を受け止めるルートが、開けたのである。身近な友人知人、家族には知られたくないと思っている彼女たちにとって、匿名性の高い他者が相談にのるというところがミソでもある。

自分の苦悩を他者に「相談できる」ルートの開設と、「相談してもいいのだ」という社会認識の窓が開けたことによって、彼女たちは重い口を開いたのである。

だから、相談依頼者が相談したいと心に決めたときに、いかに支援者が素早く対応できるかは極めて大切だ。ほとんどの人は、逡巡し、迷い、ようやく他者に相談することを決心してアクセスしてくる。言い換えれば、最後のエネルギーを振り絞っているような印象を受ける。したがって、初回のアクセスがあった場合、なるべく間をおかず、的確なレスポンスをすることは支援につながるカギの一つで、相談依頼者に、自分が陥っている深刻な困った状態に向き合う勇気をもたらす。前章のCさんやEさんの場合がその好例である。

「自分は一人じゃない、と思えるようになりました。」

孤立無援からの脱出である。

†キーワード検索でHPを見つけメールを出す

とはいえ、もともと自分も悪いと思う素地があるので、他者に訴え、相談することのハードルは極めて高い。

見知らぬ私たちにアクセスしてきたこと自体、驚異的なエネルギーを費やしてきたことと思われる。本章の冒頭に紹介したメールが来たのは未明の三時四二分、Bさんのメールは四時二七分の発信だ。この時間帯のメールは珍しくない。

相談依頼者は、ほとんどがスマホを使って、「AV　違約金」、「AV　強制出演」などのキーワードによる検索で、PAPSやライトハウスのホームページに辿り着く。二〇一六年には、撮影現場のスタッフの人にPAPSの存在をそっと教えてもらって相談に来た、という人も現れた。女性への性暴力関連の新聞記事を読んで、アクセスしたという人もいる。

メールの場合は、本人の文言そのままなので、本人の認識をよく表していると思われる。そんなメールをいくつか要約して紹介しよう。

・AVに一年間出演した。全部で三十本。現在も総集編で新作として発売継続。ネットに動画が出回っている。自分で選んだ道なので、自業自得だ。私でも相談にのってもらえるか。
・大学一年生で十八歳。興味本位でAVに出演。あとから怖くなり、残り二本の撮影を取り止めできないかと悩んでいる。契約で決まっているからと言われて取り止めができない。これ以上自分のことが嫌いになりたくない。自己責任だが、相談にのってほしい。
・契約書諸々にしっかりサインした。来月から三カ月連続でリリースされる。ネットに画像も出始めて、より恐怖が湧いた。助けて。
・十九歳のときに、どうしてもお金が必要になり、自らAV出演を希望し出演した。馬鹿なことをしたと反省。最近になって自分の無知に気がついた。誰にも打ち明けることが出来ず地獄の毎日だ。助けてください。
・十一年前に三本、AVに出演した。本名で裏DVDに流通している。就職も恋愛も、ましてや結婚などこわくてできなくなってしまった。出演を決めたのは自分だから、自業自得だ。

「どうしていいのかわからない」人がほとんど。次は、どうしたいのかを聞き取らなければならない。

❷面接をし、相談を聞く

「これ（筆者注：このLINEの意）って、警察ってオチじゃないですよね。」

これは、ときどき家出をしている少女からの最初のアクセスである。あとでわかったのだが、彼女が警戒していたのは、警察と児童相談所だった。

このメッセージに象徴されるように、メールやLINEや電話で相談をしてくるときは、この相談先が本当に信頼できるかどうか半信半疑、もっと言えば疑心暗鬼の状態にある。相談したいと思っても、疑心暗鬼を払拭できなくて接触してこなかった人たちもいることだろう。しかしこの先、アダルトビデオの制作現場には性暴力、性被害が存在し、それは誰かに相談してもいい社会問題なのだという認識が広まれば、相談窓口へのアクセスの敷居は低くなるだろうと思われる。例えばドメスティックバイオレンスが、家庭内の私的な問題として夫婦間や家族間で解決すべきものではなく、社会に訴え相談してもいい事柄だという認識が広がるにつれて、相談件数が伸びてきたように。

本人が望む場合は必ず面接をする。

今日メールでアクセスしてきて、そのあとすぐに、明日にでも会って話を聞いてください、と時間まで指定してくる場合もある。この性急さからは、相談しようと決心しアクセスしたあとには、居ても立ってても居られない不安感や焦燥感がいっそう募ってきていることが伝わってくる。すぐには面接の日程調整はできないけれども、必ず、話を聞く場を設けるからと返信すると、少し気持ちは落ち着くようだ。

「それじゃあ、お待ちしています。でも、なるべく早くしてください。」

†面接をして相談はしたいが、すごく不安

相談依頼者は、初回面接では、警戒感を露わにして来る場合が多い。支援者が、自分が攻撃されているのではないかと感じてしまう場合すらある。それほどの警戒のしようというか、きつい詰問調の相談依頼者、他者を信じられない相談依頼者がいるのだ。

マスクをしてくる人もいる。マスクの人は、家族とかカレシとかが付き添っている場合が多いようだが、そのように示唆されているのかもしれない。帽子を深くかぶり、マスク、サングラスをかけて現れた人がいる。

この支援者が本当に信頼できるかどうかわからない、そう疑う気持ちは理解できる。この相談窓口はアダルトビデオ業者の回し者じゃないかと疑ったと、あとで語ってくれた人もいた。自分の最も見せたくないプライベートな姿が映像となって不特定多数の人の間に流通している。彼女たちは、その恐怖に四六時中おびえているのである。そんな状態のさなかにある人が、まったくなじみのない団体に相談に現れるのだから。

しかし、アダルトビデオに出演したことに対して、徹底して、責めないし、裁かないし、本人自身が話したくないと思っていることを根掘り葉掘り聞かない支援者に出会って、気持ちの安全が保障されたとき、徐々に安心して話せるようになる。最初の面接で安心感を得る人もいるし、何回か面接を繰り返すなかで、安心感や、自分は守られているという実感を得る人もいる。

たいていの人は、初回面接の最後に別れるときに、言う。

「はじめてこの話ができました。」

自分の苦悩を他者に伝えることだけで、その荷が軽くなることがある。それが相談という行為のプラスの効果の一つでもある。荷が軽くなった分、そのエネルギーを積極的に生きる方向へと転換できるのだ。面接の場面で表情が和らいでいく人もいる。全面的に信頼感が生まれるかどうかは個別に違うが、少なくとも面接をすることで警戒感は薄らいでくる。

メールやLINEのように間接的なアクセスでさえ、疑心暗鬼で不安を感じているのに、まったく見ず知らずの人間に直接会って、自分の最も人に話したくない相談内容を打ち明けていくときの不安はいかばかりであろうか。面接の日時を約束しても現れないこともある。だからと言って相談したくない、というわけではないのだ。

「明日は面接だって思ったら、不安で、薬を飲み過ぎちゃって、起きられなかったの。」

珍しい話ではない。

緊張した面持ちでやって来る相談依頼者たちを迎えて、

「そうだったんですか。苦しいでしょうね。あなたみたいに思う人はほかにもいましたよ。」

「もう十分に自分で自分を責めているのに、まだそのうえ人から責められたら気力を失いますよね。」

などと共感的な聞き取り方をすると、一様にほっとし、なんらかの解決の道があるかもしれないとかすかな希望を抱くようだ。希望を持つことで前向きになれる。精神科医やカウンセラーにいくら話しても、きちんと受け止めてもらったという実感がなかったけれども、ここの聞き取りでは、なんだかすぅーっと話が入っているような気がする、という感想を述べた人もいた。

†商品がどのように流通しているのかを確認

さて、初回面接の意義は、①本人を確認すること、②相談に至る経緯を聞き取ること、③主訴を確定すること、④主訴の解決のために何をするかを協議すること、⑤状況に応じてではあるが、被害者としての自覚を持ってもらうこと、である。面接は相談依頼者にとって被害者にとっても支援者にとっても双方に大きな意味がある。困っていることを解決するプロセスが、協働作業としてこれから始まることを意味するからだ。

①から⑤の順序はその人の状態に応じて前後して進行する。また、一回の面接で主訴が確定し、次のアクションへと進められる場合もあれば、具体的に何をすればいいのかを確

定するのに何回も面接を重ねる場合もある。

本人確認に関しては、どこの誰ということはわからなくてもいい。匿名でも構わない。相談の連絡をよこした本人であることを確認することが大切なのだ。しかし、この本人確認は厳密に言えばできない。生身の人として相談に現れたのだから、この人がアクセスしてきた本人だろうとこちらが信じることに尽きる。ひやかしでアクセスした人がいたとしても、実際に面接室の相談には現れないだろう。

通常の相談機関で用意しているようなフェイスシートに当たる書類はない。したがって、生年月日、住所、氏名、家族歴、学歴、職歴、病歴等は最初からは聞かない。このことは相談依頼者に安心感をもたらすようだ。相談を重ねても最後まで本名さえわからない人もいる。とりあえず個人を識別するハンドルネームで十分なのだ。まったくの偶然から学歴を知ることとなった相談依頼者がいたが、びっくりするほどの高学歴だった。この高学歴が、逆に他者に相談するハードルを極度に高めていただろうと推測された。フェイスシートに記入を求められていたら、この人は二度と相談には現れなかっただろう。

むしろ確認しなければならないのは、その人の映像である。それが商品としてどのように販売、流布されているか。それを確かめるために知っておかなければならない基本情報は、メーカー名、商品上で使用されている名前、タイトル、作品本数などだが、この一部もしくはすべてを本人自身が知らない場合があるし、特に名前は言いたがらない。

なお、この商品上の名前を本人がどう認識しているかは、じつはかなり微妙な問題だ。

相談事業を始めたばかりの頃は「源氏名は何ですか」と聞いており、それで通じない人はいなかった。しかし、多様な言い方があることを知ってからは、「アダルトビデオに出演したときの名前は何ですか」とか「女優名は何ですか」と聞くようにしている。彼女たちは、売り出すためのこの名前を、「モデル名」、「芸名」、「女優名」などと言っていて、自分で「源氏名」とは言わないのだ。

ネット検索をするには、この商品上の名前が重要な手掛かりになる。このことは本人がいちばんよく理解している。

「その名前は……言わなきゃ先へ進めませんよねぇ……。」

この場面で、逡巡する人は多い。見ず知らずの、まだまだ本当には信頼できていない支援者に言いたくはないが、でも、商品の販売停止や回収はしてもらいたい。自力ではできないから相談に来ているのだ。逡巡の程度はさまざまだが、最終的には名前を明かしてくれる。そうしなければ次には進めないことを理解しているからだ。それでも葛藤は大きいのだろう。初回面接をしている最中に、過呼吸になった人もいた。

本人が教えてくれる情報を頼りにネットで検索していく。多くは、DMM.comなどの販売会社のページからアクセスし、どのメーカーからどんなタイトルで何本売り出されているのかを確認する。ネット検索をするとき、本人にその画面（動画ではなく、商品としてのパッケージなどの画像）を一緒に見るかどうかを確かめる。画面を一緒に見る、支援者だけが見る、あとで支援者が確認する、など本人の意向に沿いながら慎重に進める。

検索すると、本人の知らない事実も出てくる場合もある。知らない間に、新しい名前がつけられていたり、自分が知らない商品が売り出されていたり……。こうした事態は、さらなる恐慌状態を生むには十分だ。

†相談していいのだと思うことが第一歩

その人が、ただいま現在、私たちの用意したこの面接室に座っている、ここに辿り着くに至るまでの経過を丁寧に聞く。自分に不利と思われることも含めて時系列的に話してもらうよう求める。もちろん、話したくないことは話さなくてもいい。

だから、相談依頼者が話していることが事実かどうかはわからない。ましてや私たちには調査権はないのだから。しかし、事実としてそのようなことがあったと理解し、信じる。この前提がなければ、そもそも相談は成立しない。語るほうも、ここできちんと理解してもらわなければ先へは進めないと必死の思いで語っているのだ。

　本人が解決してもらいたいと望むことに焦点を当て、そのために必要な情報のみを聞き取る。出演時の年齢、商品上の名前、所属していたプロダクション、制作したメーカー、出演したタイトルなどである。そうして、なぜそのような事態になったのか徐々に聞き取っていく。

　自分のことをまったく知らない他者にわかってもらおうと、自分の言葉で過去にあったことを振り返りながら話すからこそ、いままで自分でも気づいていなかったことに気づける場合がある。この気づきを通して相談依頼者たちは、いままで自分を責めることしかしていなかったのに、自分にもやれることがあると思えてくるようだ。

　先に述べた「すぅーっと話が入る」実感について、他の相談依頼者は次のように述べていた。

「面接してくれる人は、わたしが、アダルトビデオなんかになんで出演してしまったのか、なんで逃げ出さなかったのか、とってもよくわかっているということがわかった。だから、わたしが悪いわけじゃないって思えた。それがとっても嬉しかった。」

　自業自得、相談する資格はないと思っていたが、自分のような者が相談してよかったんだと思えたという。面談を通して、初めて自分の気持ちや苦しみがわかってもらえたように思い、他者に自分の苦しみをきちんと理解してもらえる喜びを味わうのである。

自分を責めることを止めた相談依頼者は、この事態に至った経緯を、素直に辿り直せるようになる。

†人に話すことで自ら気づく

そもそも彼女たちの多くはスカウトマンやメーカーの人、つまり自分が親しくなった男性たちを決して悪くは言わない。アダルトビデオへの出演、販売、ネットでの拡散などに関する強い怒りは、面接するほうがたじたじとなるほどの激しさがあるのだけれども。しかし、アダルトビデオ出演に至る経緯を縷々語るなかで、特にスカウトマンやメーカーなどの男性たちについて語るとき、彼らとの関係の心地よさや彼らのやさしさが、自分をアダルトビデオの世界に誘導する〝手段〟であったと気づく瞬間がある。つまり、自分は見せかけのやさしさに騙されていた、と。支援者の観察によれば、そのときに、なにかに気づいたようなまなざしになり、涙があふれてくる。このように、初回の面接で「騙されていた」ことに気づき涙する人は、一人や二人ではない。

他者に語ることで、自分一人では見えなかったからくりというか、自分が何を誤解してこのような事態に至ってしまったのかがわかるのだ。こうした気づきを得た人のなかには、見違えるように強くなる人もいる。自分をこのような状況に陥れたプロダクションやメーカーに対して異議申し立てできるようになるのだ。そして、弁護士を通してDVDの販売停止や回収を要求しようとするなど、新しい視点を持ち、新しい動きをとれるようになる。このような展開こそが、相談という場を設定して、人と人とが出会って語ることの、最大の意義だと思われる。相談依頼者にとって支援者との出会いの場は、自分のしてきた行動や語る内容を裁かれないし、責められないことが保証されている場でもあり、次のステップを支援者と一緒に見つけることができる場でもあるのだ。

実行に移すまでにはさまざまなハードルがあるので実際に訴訟にまで踏み切った人はいまのところはいない。多くの女性たちはなるべくことを穏便に済ませようとする。ことを荒立てることによって、評判を呼び、世間に晒されるのを恐れるのだ。

ただ、何回かの面談を通して、だんだんと強くしっかりとなっていく様子を感じることができる場面があるのは事実だし、当人も、「わたしってずいぶん強くなれた」とか「親にもこの話ができるようになった」と語るようになる。

❸解決したいことは何か、自分で見つける

主訴とは、本人が具体的に解決したいこと、である。面接では、主訴を確定する作業を行う。

主訴がはっきりしている場合は、その後の解決の方針も立てやすい。たいがいの場合それは、DVDの発売や販売の停止・回収と、画像や動画の削除、すでに予定の決まっている撮影日程のキャンセル、請求されている違約金を支払わないための交渉などである。「自分の映像が出回っているって考えただけで、気が狂いそうです。居ても立ってもいられません。これってなんとかできるものなのでしょうか。」

相談アクセスをしてきて、こちらからのレスポンスを受けた人のなかには、その後、日に何回もメールを送信してくる場合がある。相談できる相手をやっと見つけることができて、一刻も早く発売や販売の停止・回収、削除の交渉や作業を始めたいのだ。

†DVDの販売停止や動画の回収・削除をしたい

さて、相談依頼者にとっての課題は明快でも、プロダクションやメーカーという相手のあることなので、具体的な解決となると極めて厄介でもある。アダルトビデオに出演した

とき彼女が未成年の場合は、契約に保護者の承諾が無い場合が多いので、契約は無効となり、交渉は比較的容易だ。しかし彼女が成人に達していた場合の交渉は非常に難航する。

いずれの場合も基本的には弁護士に介入を依頼する。ただ、アダルトビデオ関連の問題に詳しい弁護士はそう多くはないのが現状だ。心意気のある弁護士を見つけ、一緒に勉強していくというスタンスになる。弁護士との連携は後述したい。

ネット上の動画や画像の削除は切実な願いである。これらは、DVDという限定された商品よりもより広範に出回る。なかには数百本の動画が出回っている例もある。ネットは誰にもコントロールできない。本人も知らない間に流通している動画や画像は、ボランティアの人海戦術で削除に当たっているが、喩えて言えばモグラたたきのようなもので、終わりということはない。要するに完全に削除することは不可能なのだ。

DVDの発売や販売の停止・回収、動画の削除等々が成功するかどうかは、相手のあることで必ずしもうまくいくとは限らないが、その方法があることを知っただけでも、絶望の度合いが異なってくる。本人の協力を得ながら、ある程度成功している例などを具体的に伝える。具体例を説明することはとても大切だ。自分の場合もできるかも、と望みが生まれる幅が広がる。望みは人生の力になる。面接が終わったあとから、本人が、こんなものもあった、あんなものもあったと探して伝えてくる場合もある。

†相談し、話すこと自体が大事

とても困っている状態ではあるが、激しい感情に翻弄されていて、いったい何をすれば自分のこの気持ちが収まるのかよくわからない相談依頼者もいる。何を解決したらいいのか、どの順番で解決したらいいのかが、よくわからないのだ。初回面接で、自分の問題を上手に話せない人は多いし、まして、何をしてほしいということを明確に語れない人もいる。

ある人は、最後までハンドルネームしかわからなかったし、住所もわからなかった。しかし、予約をしては定期的に話をしに来ていた。

担当の支援者は、初期の頃、彼女に次のように伝えた。

「あなたの話を聞いていると、私たちの側もまたどのように支援していけばいいのかという学びになります。ときには、私たちのやり方でよかったんだという勇気と自信をもらっているんですよ。」

その人は驚いて言った。

「え!? 私は、いままでずっと人の世話になるばかりの存在、人に迷惑をかけるばかりの存在だと思っていましたけど、私が話すことで、支援している人にそんな影響を与えることもできるんですね。こんな私でも何か人のためにできることがあるんですね。」

彼女が私たちに相談する。そのことが、私たちを介して他者の相談の役に立つのである。それは本当に、そうなのだ。

その後、定期的に話をしに来るようになった。話といっても他愛のない日常的な世間話だったのだが、それでも彼女にとっては武装解除した状態で話せる場であったのだろう。しかし根には、自分が出演したアダルトビデオのＤＶＤはいまも販売され、動画はいまも流れていて、このことに対する気持ちの整理をしたいということがあったようだ。それが主訴なのだろう。いよいよ核心に触れる面接ができそうだという時期になってきたとき、他の要因で面接は断念せざるを得なくなった。

†自分で自分の道を見つけられるように

主訴を中心に相談するということは、当事者の行動や思考のスピードに合わせて伴走するということでもある。支援者の側は、すでにいろいろな相談事例を知っているのでその意味では相談依頼者よりもはるかにたくさんの情報量がある。だから、いま聞いている相談が今後どのように展開していくか、先が読めてしまう場合も多い。

ただ、当事者の心や行動の準備ができていないときに、支援者が次々に解決案を提案しても彼女はついて行けない。結局は混乱させてしまうだけだ。自分は何をしたいか、自分にできることは何かを見つけるのは、相談依頼者自身なのである。多くの相談依頼者は自分で自分のペースで語ることによって、自分の取るべき道を見つけていく。自分自身で自分の道を見つけるということが大切なのだ。

例えば、経緯を語るなかで家族の状況も語られることがある。親にだけは絶対に知られたくない、親に知られないで弁護士に相談したり、メーカーやプロダクションに交渉するにはどうしたらいいのかといったことを訴える。このようなとき、家族の状況がわかるし、話を聞きながら、この家族だったら、むしろカミングアウトして味方につけたほうが手っ取り早いと思われるときもある。法テラスも利用できないし、弁護士費用も自力では工面できないときなどである。けれども支援者側からは、「お母さんに相談しちゃいなさいよ」とは積極的には提案しない。そのかわり、あれこれの方法を一緒に考える。そのプロセスで、結局親に相談したほうがいいと本人自身が判断するようになるのだ。その後、親と一緒に面接に来る場合もあるし、親や夫に言うことができましたと晴れ晴れとして面接に現れる場合もある。

❹弁護士と連携して法的に対抗する

私たちだけで相談を完結させることはできない場合が多い。他の機関、私たち以外の支援者との連携はとても重要だ。弁護士、警察との連携についても述べておきたい。

主訴でいちばん多い「DVDの発売や販売の停止・回収」に関しては、弁護士にプロダクションやメーカーとの交渉を依頼する。一般的に、弁護士に相談するということは、気持ち的にも金銭的にも非常にハードルが高い。そこで、依頼するといっても、相談依頼者に弁護士を紹介するだけではなく、一緒に相談するなど丁寧なフォローを行う。

相談依頼者が望めば、相談依頼者・弁護士・私たちの三者間で情報を共有し、弁護士との面談に同席する。というか、私たちにも同席してほしいかどうかを確認する以前に、弁護士に介入してもらおうとなった時点で、支援者が同席することは自然の流れとしてできてしまい、その一件が落着するまで同席が続くことが多い。相談依頼者が同席を望む理由の一つは、弁護士相談の心理的なハードルが高く、状況を知っている人に一緒にいてもらうことによる安心感がほしいのだ。また、比較的私たちのほうが弁護士よりもアダルトビデオ業界の事情に通じ、情報も多いらしいと考え、弁護士の判断が適切であるかどうかの意見を求められることも多い。さらに、弁護士の進行管理について、直接は苦情は言えないが、私たちにだったら気楽に言えるということもあるようだ。

アダルトビデオの出演DVDの販売などに関して、出演した当事者から相談が寄せられるようになった当初、私たちが心底困ったのは、契約という形式の整った出演者とプロダクションやメーカーとの間に割り込む、法的な対抗論理が脆弱であるということだった。当初は協力してくれる弁護士も非常に少なかった。

どのような法律をどのような法理論で応用していくかはかなり込み入った話になるのでここでは割愛するが、いまは弁護士の指導を受けながら、さまざまな法律を駆使してプロダクションやメーカーに対抗している。

アダルトビデオの制作現場では、契約や「仕事」という装いに隠れて性暴力が振るわれることがある。この事実は、当事者の女性や男性からの訴えにより次第に明らかになってきている。性は究極のプライバシーだ。しかし、それを扱う撮影現場で当事者たちの人権や尊厳をどのようにして守るかという観点からの法整備はなされていないのが現実である。私たちは、法律に精通しているわけではないし、弁護士は、女性たちの訴えを正確に理解しがたいこともあるし、アダルトビデオ業界の慣行や構造などに精通しているわけではない。両者あいまって協力しながら、一人一人の事例に即して、業者との交渉の論理を練り上げている。

相談依頼者は、直感的に弁護士と私たち支援者の役割の違いを理解し、うまく利用しているように思われる。

❺警察と連携して暴力に対抗する

相談を寄せてくる内容によっては、直接、プロダクションやメーカー、風俗店との交渉に出向く場合がある。このようなときに、相手が暴力的な手段に出てこないとも限らない。通常の商取引では、相手は絶対に暴力には訴えないだろうという暗黙の了解があるから、身の危険を覚えながら交渉に行くことなどない。しかし、アダルトビデオの関係者が暴力に訴えないという安心は担保されていない。本章冒頭で紹介したメールでも、「腕に刺青の入った強面な人物」が登場している。少なくとも、女性たちの話を聞くにつけ、スカウトマンをはじめとして業界のやり方は極めて暴力的、詐欺的な場合がある。したがって、女性たちの代わりに交渉に行く私たちも、身の安全が必ず守られるという保証はない。

私たちの活動を後方支援する警察体制がほしいとしみじみと感じた。

DV被害では、被害者が逃げ込んだ公的な一時保護施設や民間のシェルターに加害者の追跡が及びそうだというときには、当該施設の近隣の交番をはじめ所轄の警察署にも支援体制を取ってもらうことが多い。なかには特別強化のパトロール体制を取ってくれる警察署もある。DV被害者に関しては、当人や支援者、支援施設にも身の危険が及ぶ可能性があるから警護が必要だという認識が、警察にはあるのだ。

ＡＶ被害の支援活動にも、同様に、警護が必要な場合があるのだ。支援者自身の身の安全を図らなければならない場合があり、個別の支援活動が始動した段階で、警察がその情報を共有し、すぐに駆けつけられる体制を取ってほしいのである。最近は、徐々に、私たちにも警察にも経験が蓄積され、応援体制に濃淡はあるものの警察署に相談をすれば後方支援体制が取られる場合が多くなってきたと実感する。

相談支援を始めてごく初期の頃、相談依頼者からの依頼で、契約破棄の文面を支援者が一人でプロダクションに届けに行ったことがあった。そのときは、そのプロダクションの所轄の警察署に赴き、事前に私たちの支援情報を伝え、警察に交渉が終わるまで待機してもらうと同時にその女性も警察署に留めて保護してもらった。警察が、私たちが現在進行形で行っている交渉の内容を知っていて、なにかことがあったらすぐに駆けつける体制がとられていることは、心強く、ありがたいことであった。以後、何ヵ所かの警察署で同様の後方支援をしてもらっている。

Ｃさんの事例での警察の対応は、正直なところ大変困惑した。一見すると、民事不介入の原則にのっとった公平な仲裁のように見える。しかしこの仲裁によってＣさんはパニックを起こした。そんなＣさんを放り出すわけにもいかず、兼井さんはＣさんが落ち着くまで付き合った。時刻は深夜、次の日になっていた。兼井さんは、女性一人で、その時刻に、まったく土地勘のないところを、もしかしたらプロダクションの人間が見張っているかも知れない状況下で、その晩泊るところを探さなければならなかったのである。支援するということは、このような危険な場面も想定しておかなければならないということだ。

この一件では、一警察署の一警察官としては原則にのっとって対応していたと思う。しかし問題は、アダルトビデオに出演する女性のなかには強要されている人がいる可能性がある、ということを警察が認識しているかどうかだ。契約があり一見合法的な形を整えていても、性暴力的行為が存在するかもしれないのだ。そのことを、警察がどのように認識し、どのように役割を果たすべきかが問われている。

警察のCさんへの仲裁については、二〇一六年春の国会でも問題にされた。議員の質問を受けて国家公安委員会委員長は実態を調査すると答えている。この発言を受けて、PAPSとライトハウスは警察庁でヒアリングに応じ、状況を説明した。

現在の法体系では追いついていない事象が存在する。そういう現実をどうするかが問われているのである。一般的な民事介入の認識ではなく、アダルトビデオ制作の現場で起こっているかもしれない性暴力にどう対処するか、その対策が切望される。

❻主訴が解決しても残る問題はある

ＤＶＤの発売や販売の停止・回収、出演拒否への対応などは、ケースバイケースだが一定程度ノウハウが蓄えられた。支援の即応性と弁護士、警察との連携が機能するようになってきている。短くて数週間から数カ月、長くて二年ほどかかるが、それでも、ある程度解決をみることができる。

ただ、主訴が解決したからといってそれですべて終わりかと言えば、おそらくそうではないだろうと予測する。

「どうしてほしいってわけじゃないんですけど、話を聞いてほしい……。」

数年前、場合によって十数年も前にアダルトビデオに出演したことを、いまになってようやく相談できるようになったという人が少なからずいる。アダルトビデオ出演という体験がどれほどの傷を残すかは個別に異なるだろうが、過去の経験が現在の生活に大きな影を落としている人はいるのだ。精神科医やカウンセラーに聞いてもらってもどうもしっくり聞き留めてもらったという気がしないという相談依頼者もなかにはいる。この女性たちはもはやＤＶＤやネット上の画像の回収や削除などは求めない。諦めているのだ。しかし、気持ちは整理できていない。どう整理すればいいのかもわからないのだ。

女性たちから話を聞くかぎりでは、アダルトビデオに意に反して出演させられた場合は、状況としては強姦以外のなにものでもなく、その心理的、身体的影響は長期にわたる。さまざまなプロセスを経てアダルトビデオ業界からリタイアし、アダルトビデオとは縁のない日常生活を送るようになってもなお、大きな影響が残るという。結婚したあと、パートナーとの性生活において突然アダルトビデオの撮影のことがフラッシュバックし、正常な関係を保ちがたい場合がある、と語る女性たちがいる。特に夫に過去のことを隠している場合には深刻である。

もう一つ、彼女たちが直面するそのほかの大きな問題に、AV女優に対する社会の差別偏見がある。アダルトビデオに出演した女性への差別、蔑視、偏見は執拗で強烈である。彼女たちのなかには、アダルトビデオに出演していたことがバレたら、いまの職を奪われるのではないか、就職できないのではないか、結婚できないのではないか、と恐れている人がいるし、実際に、結婚や婚約が破綻したり職場を追われたりした例もある。DVDを回収したい切実な理由の一つは、そうした、いまの生活が破綻することへの恐れなのである。

私たちはDVD回収には介入はできる。しかし差別偏見の問題に介入する手立ては、いまのところはない。直接的に当事者の生活そのものに介入する手立てを、私たちは持っていないのだ。

アダルトビデオに出演した女性は、結婚や就職にまで影響する差別を受けるのに、アダルトビデオを消費し楽しんでいる男性はなんら差別偏見の対象にはならない。こうした、性に関わる非対称性は、その女性自身がどうこうできる問題ではない。社会として考えていかなければならないだろう。

そして、彼女たち自身はうまく言語化できないのだが、自分が出演したアダルトビデオが社会に存在していること自体におびえている。なぜおびえるかは、差別や偏見が恐ろしいからという問題だけではなさそうなのだ。「屈辱的だった」と何人もの女性たちが語っている。「屈辱」をもたらすものに、「人間としての性の尊厳への侵害」があるのではなかろうか。ここに、性にまつわるもっと根源的な問題があると思われる。このことはもう少し彼女たちの語りを掘り下げて聞く必要があるだろう。「侵害された性の尊厳」をどうしたら取り戻せるのか。これは、彼女たちと私たちの宿題としておかなければならない。

3 アダルトビデオ産業の構造
――スカウトからDVD発売、動画配信まで

†ネット時代のアダルトビデオ産業

さまざまな企業の複合体としてアダルトビデオ産業は構造化し成立している。その規模の全体像は、私たちにはわからない。ただ、二〇一六年三月に発表されたヒューマンライツ・ナウの「ポルノ・アダルトビデオ産業が生み出す、女性・少女に対する人権侵害 調査報告書」によれば、アダルトビデオ産業の市場規模の正確なデータは見つからないとしつつも、コンテンツ・ソフト協同組合（現在は、「NPO法人 知的財産振興協会」に合体）事務局長の二〇一〇年のコメントを引用して、市場規模は年間四〇〇〇億円ないし五〇〇〇億円程度だという。

この数値は産業規模としては大きくはない。中村敦彦著『AVビジネスの衝撃』（小学館新書、二〇一五年）によれば、この産業はかつての、一九九〇年代、二〇〇〇年代初期

の勢いはなくなったという。勢いがなくなった分、商品に付加価値を付けるためにより過剰な刺激が求められるという悪循環が生じたようだ。この悪循環のなかで、出演する女性の〝使い捨て〟が生じ、前章で挙げたような素人の女性たちが、〝女優〟としてのトレーニングを経ることなく、騙されるようにして出演させられる状況が生じたと思われる。

問題は、アダルトビデオ産業の規模が縮小したからといって、必ずしもそれらの商品の消費者のニーズが減ったとは限らない、ということであろう。歴史的に培われてきた商品としての性の需要は、そう簡単に減少するとも思われない。

そう考えるとき見逃せないのは、インターネットというテクノロジーの発展に伴って市場がグローバル化し、個々人がネットを介して日本国内のみならず海外まで、より直接的に制作や流通、拡散に参加しているという実態である。素人と玄人の垣根は限りなくファジーになってきている。その規模はどれほどのものであるのか、それこそわからない。ネット環境の激変は、産業規模の縮小による従来の供給に、とって代わるに十分な、需要充足の役割を果たしていると思われる。

しかし、いずれにしても発端には、素材にされる生身の女性たちがいることには変わりはない。

さて、アダルトビデオ産業にはさまざまな企業が関わっているわけだが、生産から流通の末端に行けば行くほど、アダルトビデオ産業の当事者であるという意識は希薄になる。扱っている商品は大量かつ多種多様で、アダルトビデオはその一部に過ぎない。セールスのために商品の内容にはある程度興味を持っても、それがどう作られたかなど彼らの関知するところではないだろう。もちろん商品の流通や販売は合法的なビジネスであるから、アダルトビデオの制作過程で、女性たちが訴えているような犯罪的な性暴力行為があったか否かなど考えもしないし問題にもならない。

相談依頼者たちから聞き取った断片的な話を総合すると、スカウトからDVD発売・動画配信までの流れは、二一七ページの図のようになると思われる。極めて単純化すると、「プロダクション」「メーカー」「販売・配信（流通）」の三重構造になっているのだが、それぞれのレベルで分社化、子会社化が図られていて、下請け、孫請け、ひ孫請けのように細分化される。それにともなって責任の所在は拡散していて、私たちの側から言えば、誰を相手に交渉すればいいのかが、しばしばわからなくなる。

†スカウトから撮影、商品になるまで

アダルトビデオに出演することになった女性（私たちへの相談依頼者）から見ると、アダルトビデオ産業は次のようにして成り立っている。

発端はネットへのアクセスとスカウトだ。スカウトマンは、目を付けた女性をアダルトビデオ出演へと誘導する。当然である。彼はAV女優をスカウトしているのだから。そのために、ある種の騙し、詐欺、執拗な勧誘をする場合がある。スカウトの内容や方法によっては、東京都迷惑防止条例（各都道府県、市区町村にも同様の条例を持っている自治体が多い）に抵触する。要するに、犯罪行為になりかねないきわどい勧誘がなされる場合があるということだ。

スカウトされた女性は、プロダクションと契約し、そこに所属する。この契約は概ね、個人でタレント活動をする女性が、プロダクションに自分のタレント活動のマネジメントを〝委任〟し、プロダクションはマネジメントを〝受託〟する、という形式をとる。契約上、女性は独立した芸能人なのである。しかし、これは虚構である。例えばBさんのような素人の女性には、プロダクションにタレント活動の業務委託などするような実体はない。たとえ契約書のタイトルが「専属芸術家契約書」であっても、だ。

したがって、契約とはうらはらに、実際に主導権を握っているのはプロダクションである。女性は、プロモーション業務を〝委任〟し、〝受託〟してもらったプロダクションに対して、自分をどう宣伝し売り出していくか、どのメーカーに売り込んでいくかについて、口を挟む余地もない。

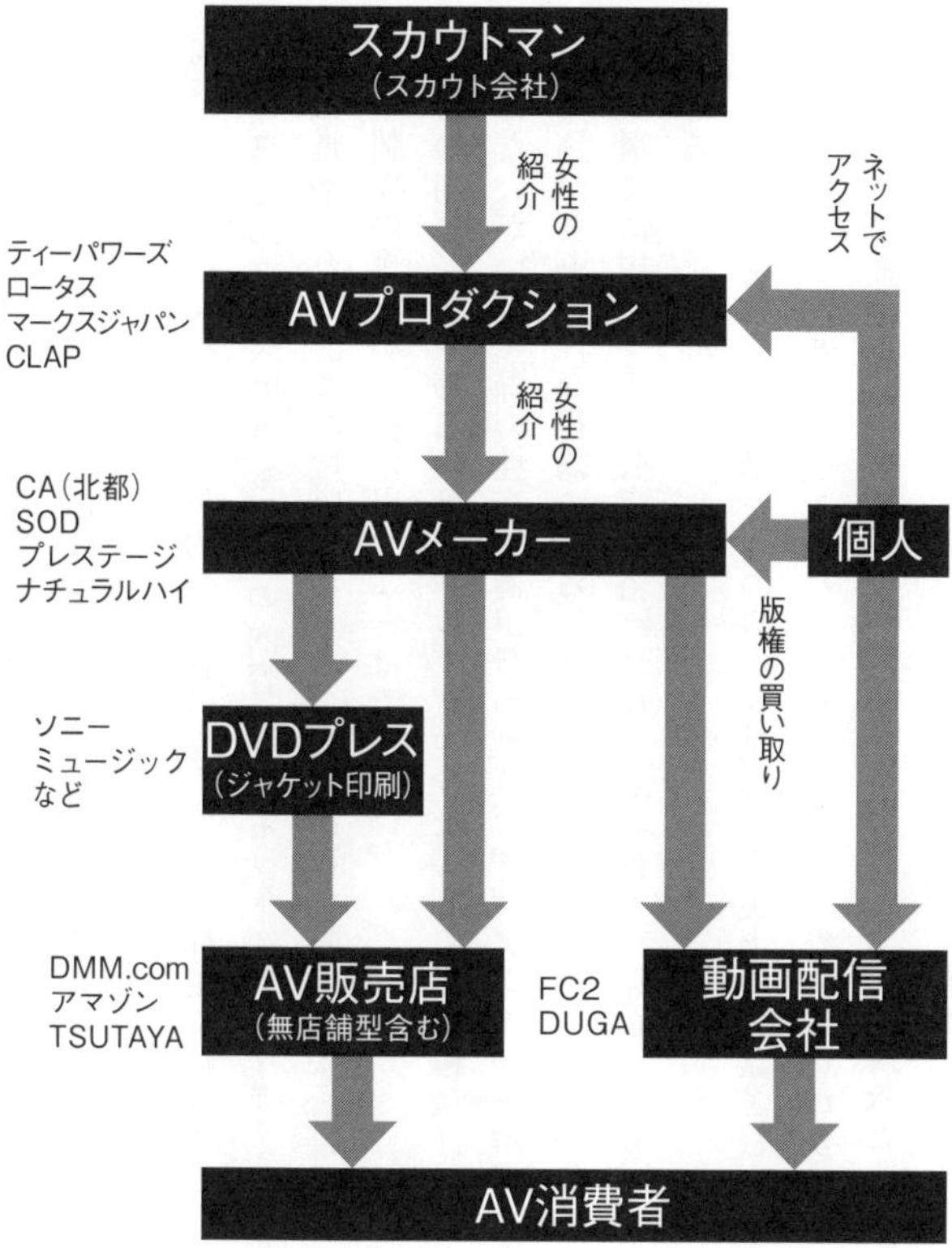

日本のアダルトビデオ産業の仕組み
作成：PAPS チーフ支援員金尻カズナ

プロダクションは、多くの場合、宣伝用の写真などを持って女性をメーカーに売り込む。所属タレントをビデオに出演させ、出演料を取るのである。メーカーが売り込みに応じれば、プロダクション、メーカー、女性との間で、アダルトビデオ制作を目的とした三者契約を結ぶことになる。この契約の内容については、補遺で紹介する。三者契約であるが、女性のほとんどは、監督も作品の内容(コンセプトやシナリオ)も知らされることなく、撮影は進められる。この段階に至ると、女性には実際的な拒否権はまったくなく、一連のビデオ制作の流れから抜け出すことはできない。

撮影の内容等を決めるのはメーカーだ。少なくとも主導権はメーカーにある。そして撮影ではたいがい、実際の性交行為が行われる。プロダクションが、女性が従事することになる業務が実際の性交行為であると知っていて業務を紹介しているとすれば、それは、労働者派遣法に規定する「公序良俗」に反する業務への派遣となり、法の解釈によっては犯罪となる。

また、撮影現場では、私たちの目から見ると事実上の強姦としか言えない行為が行われている。しかし性暴力が振るわれていたとしても、たいがいの女性にはそれが犯罪的行為であるとの認識はない。ただ、〝お仕事〟として、とても嫌なこと、拒否したいことをさせられた、という認識なのだ。メーカーをはじめその現場に立ち会ったスタッフの認識はどうなのだろうか。撮影スタッフからPAPSの存在を耳打ちされ相談に来た人がいたことから察するに、これは犯罪行為ではないかと疑問を感じている人もいるのではないか。撮影が終わったあと、女性にはギャラが支払われる。撮影されたものがどのような商品になり、どのように売られるかについて、女性には口を出すなんの権限もない。

†流通は合法的に行われる

出演した女性が撮影を〝承諾〟したことになっている映像は、DVDやネット配信の動画という商品になって販売される。商品制作、販売と段階が進むにつれ、現場は、撮影の現場からいっそう遠く離れるので、販売・配信をしている会社には、その商品が実際には犯罪的な行為の結果かもしれないという認識はおそらくないだろう。どのような制作過程を経ていようとも、それは表に出ておらず、商品それ自体は合法なのである。

さらに言えば、メーカーは契約により、女性の肖像権を所有する。なので、一回出演料を支払えば、あとはその映像を二次使用、三次使用しようとも自由だ。再編集、他のビデオとのオムニバス等々、本人の知らないところで、本人の映像は拡大し、拡散する。八〇〇本ものDVDや動画が発売されている例もあった。

本書の冒頭で伝えたように、二〇一六年六月に、大手プロダクションの、マークスジャパンの関係者が労働者派遣法違反で逮捕され、大手メーカーの、CAの関係者がわいせつ罪で家宅捜査された事件は、私たちにとって、大きな出来事だった。このプロダクションとメーカーの名前は、私たちの内部では、つとに有名であったのだ。これらの企業に関係している相談依頼者はその時点ですでに合わせて二十人以上に上っていたからである。これは相談依頼者の約一割にあたる。

この業界を取りまとめる唯一の組織、「NPO法人 知的財産振興協会」が即座に、いままで健全化に向けて対応を取っていなかったことをお詫びする、今後は業界の健全化を図るという声明を発表した。業界の前向きな姿勢としてとらえ、今後の経過を見守りたい。

しかし、業界の自浄作用がなされたとしても、問題はそれだけでは解決しない。ネット配信による流通の問題が残る。ネット配信はグローバル化し、日本国内で生産されたものが国外のサーバーを通じて日本に逆流入してくる。しかも無修正のものが多い。ネットに流れたデータは完全には削除できない。このことに苦しんで相談を寄せてくる人は多いが、いまのところ、根本的な解決の方法はない。

生身の人間を被写体にして、その性を商品化し販売するのがアダルトビデオ産業だ。産業活動のなかで、性の尊厳が脅かされるようなことは絶対あってはならないし、絶対にないという制度的な仕組みが特に必要と思われるのだ。

補遺　契約書には何が書いてあって、何が書いていないのか

女性が意思に反してアダルトビデオに出演することになる、かなめの役割を果たすのが契約書の存在である。

私たちが入手した契約書には、女性がプロダクションに所属する際に結ばれる「女性」と「プロダクション」の二者契約、女性がメーカーに採用され商品制作を始める際に結ばれる「女性」と「プロダクション」と「メーカー」の三者契約がある。個別の契約書は、若干ずつ異なっているが、どの契約書も女性が不利な扱いになっている点では共通している。大手のもので、こうした契約書の性格をよく表していると思われる三者契約をサンプルに、そのどこが問題なのかを考えてみたい。

なおこれは、ある女性がスマホで送ってきた出演等承諾書を筆者が写したものである。彼女は出演契約書を持っていたが、多くの場合は、さまざまな理由をつけて契約書の写しを渡されないことが多い。

出演等承諾書

第1条（出演承諾）
女優名「×××」：本名「×××」（以下「甲」といいます。）は、乙丙間で××年×月×日付締結の「出演基本契約書」に基づき株式会社○（以下「乙」といいます。）が制作・撮影・販売する映画・写真の著作物（以下「本作品」といいます。）に出演すること及び撮影されることを承諾します。なお、承諾にあたり本作品の内容・特殊性について甲は、所属するプロダクション株式会社○（以下「丙」といいます）から十分説明を受けており、丙は、甲に十分説明していることを乙に保証します。

第2条（本作品の内容）
本作品の内容及び甲の実演及び撮影される写真には、以下の成人向けの内容が含まれることを甲は承諾し、丙は甲に対して十分説明していることを保証します。
① 甲個人又は他の俳優（エキストラを含む）と共に、性的好奇心をそそるため性的な行

為を表す内容
② 衣服を脱いだ姿態を見せる内容又は性的好奇心をそそるための身体的行為を表す内容
③ その他上記に関する一切の内容
(例示:通称セックスシーン、フェラチオシーン、オナニーシーン等)
第3条(甲の肖像の使用)
1.甲は、本作品の撮影終了後、販売中及び販売終了後も本作品を広告宣伝・ダイジェスト版の作成のために、出演基本契約書に従って、乙が甲の芸名、肖像、筆跡、経歴などを無償で使用することを承諾します。
2.甲は、本作品(これまでの甲が乙の制作のために実演した作品を含みます。)及び将来甲が出演し乙が制作する作品について、出演基本契約書に明示的に定める範囲において、乙に対して一切の著作隣接権を使用許諾すると伴に、女優名を開示させ、及び本作品を改変、編集及び加工することを独占的に許諾します。また、前項においても同様とします。
第4条(宣伝活動及びパブリシティ)

乙は、本作品の価値を最大限に高めるために必要かつ適切と考える広報、パブリシティ及び宣伝活動（以下「宣伝活動」という。）を行うものとします。また、甲及び丙は、乙の宣伝活動に対し、合理的な範囲の協力を行うことを承諾します。

第5条（保証）
1. 甲及び丙は、乙に対して、甲が18歳未満でないことを保証します。
2. 甲及び丙は、乙に対し、甲が本出演等承諾書作成時点において、甲の知る限り、妊娠、性感染症に感染していないことを保証します。また、撮影日終了日までその状態を維持して妊娠及び性感染症を防ぐ義務（ピルの服用や生理、危険日の把握、体調管理などの徹底）を負うものとし、撮影終了後以降における甲の妊娠、性感染症への感染に関しては、乙の責に帰すべき場合を除き、甲及び丙の責任において解決し、乙に一切の賠償や責任を求めないものとします。
3. 乙に事前の書面による許可なく、甲が本承諾書提出後に乙が指定した外見イメージを大きく変えた場合（髪染め、日焼け、整形、豊胸、刺青、妊娠、過度な体重の増減、その他大幅に外見を変えるなど）、甲と丙は連帯して、撮影に影響が出ないようこれを是正し、間に合わず撮影延期又は中止となる場合は、乙に対して撮影延期又は中止にかかる費用を負担する義務を負うものとします。

4．丙は、甲が引退を希望する場合は、乙に対してその旨を報告します。甲は、引退後6ヶ月間は同業に復帰しない旨承諾します。この場合、本作品の販売の継続その他の事項については、甲乙丙間で協議を行うものとします。

第6条（守秘義務）

甲は、乙の事前の書面による承諾なくして、本承諾書の存在及び内容、本作品の内容の一切の情報（以下「秘密情報」を第三者に開示、漏洩しないものとします。

第7条（責任）

この出演等承諾書に別途規定がある場合を除いて、甲は、自らの故意又は重過失により乙に対して損害を与えた場合は、生じた侵害を賠償するものとします。乙が自らの故意又は重過失により甲に対して損害を与えた場合も同様とします。いずれの場合も、賠償額は甲・乙・丙協議にて決するものとします。

第8条（準拠法、協議解決及び裁判管轄）

この出演等承諾書は、日本国憲法に準拠し解釈され、この出演等承諾書の内容に疑義が生じ又は出演等承諾書に定めのない事項については、甲乙丙各々が誠意を持って協議し、円満に解決を図るものとします。誠実な協議をもってしてもなお解決されない場合又はこの出演承諾書に関する紛争が生じた場合は、東京地方裁判所又は東京簡易裁判所を第一審の専属的合意管轄裁判所とすることに甲乙丙は合意します。

本承諾書が有効に成立したことを証するために、本書1通を作成し、甲乙丙記名捺印の上、乙が原本を保有し、甲・丙が各1通写しを保有します。

×年×月×日

甲　住所
　　氏名　　　　　　　　捺印

乙　住所
　　代表者氏名　　　　　会社印

丙　住所
代表者氏名　　　　　　　　　　会社印

※表記は原文ママ

以下、主要と思われる条文について検討してみる。なお、筆者は契約法の専門家ではないが、相談依頼者の目線で読むと、以下のように読める、ということである。

†契約書全体を通じて

この契約書は甲（女性）、乙（メーカー）、丙（プロダクション）との三者契約になっている。

全体を通じて、力関係は圧倒的にメーカーが強く、プロダクションと女性はメーカーに従属的な構造になっていることが読み取れる。女性が出演することによって生ずる利益や権利に関する条文はないか、埋もれていて読み取りにくい。

†第1条(出演承諾)について

そもそも、女性は、メーカーとプロダクションとの間で取り交わされているという「出演基本契約書」の内容を知らない。

にもかかわらずここで女性は、メーカーが制作・撮影・販売する映画・写真の作品に出演すること、及び撮影されることを承諾している。承諾に当たっては、女性が作品の内容・特殊性についてプロダクションから十分に説明を受けているとされ、そのことを、プロダクションはメーカーに保証している。女性がそんな話は聞いていないと主張しても、聞いていない責任は女性かプロダクションに帰され、メーカーに責任はないことになっている。

しかし第1条を読んだその時点で、「出演基本契約書」を知らずに出演等承諾書に判は押せないと女性が主張できるだろうか。

プロダクションに「十分に説明」は受けていないと詰め寄れるであろうか。

撮影現場で、「そんな話は聞いていない」と抗議しても、「説明しているじゃないか!」と怒鳴られて抵抗できなくなる話は、何人もの女性たちから聞いている。

†第2条（本作品の内容）について

作品の内容が①②③と説明される。女性の実演及び撮影される写真には、以上の成人向けの内容が含まれ、そのことを女性は承諾し、プロダクションは女性に対して十分説明していることを保証していることになっている。また説明責任はプロダクションにあり、撮影現場を取り仕切るメーカーは、女性が了承していることを前提にことを進めることができる。

作品内容の説明としては、①と②は極めて抽象的なので、本来であれば、女性がどのような場面での被写体になるか具体的に確認するために、別途であってもシナリオに関する規定がなければならない。③は極めて包括的な内容なので、「等」に含まれるものは何かがわからない。要するに「性的好奇心をそそる」とメーカーが考えるありとあらゆるアイデアが実行できることになっているのだ。理屈としては第1条で説明を受けた上で出演承諾している以上、その場で求められた行為に関して拒否することはできないし、拒否できるとする条文もない。

撮影されることになる性行為に関しては、この契約書のほかに類型化された一覧表が用意されていて、本人が諾否を書き込む場合が多く、本人の署名欄もある。しかしながら、本人が「本番OK」に丸をしていても、〝本番〟そのもののバリエーションは多様であり、〝本番〟に至るプロセスも多様で、しばしば本人が予想していなかった場面が展開する。そしてもちろん、そのたびに「説明」を求めることなど、できるはずもない。

女性に、演技ではなく実際の性交行為を求めるわけだから、対等な契約であれば、女性がその場で拒否できる条文があってしかるべきだと思われる。

号泣して拒否したが契約書を盾に強行撮影された例をいくつか聞いている。女性が拒否している性交行為は、繰り返すが、それは強姦にほかならない。アダルトビデオという商品を制作するプロセスで起きる事柄なのだから許されるのだとは決して言えない。

†第3条(女性の肖像の使用)について

この条項によって、撮影され商品化されてから以降、女性は徹底的に、極端に言えば生涯にわたって合法的に縛られることになる。女性の女優名、肖像、筆跡、経歴などを無償で(独占的に)メーカーが使用することを、女性が承諾しているので、以降、使用にあたっていちいち本人の承諾は必要ない。

著作隣接権は、いちおう五十年の期限があるが、特にネットの世界では、いったん流通した映像は未来永劫と言っていいほど消えることはない。デジタル・タトゥ(刺青)と言われるゆえんである。法律やネットのテクニックが、被害の実態に追いついていないのである。

繰り返しになるが、強調しておきたい。この条文が、出演女性の持つ著作隣接権を剝奪する。女性は、メーカーに対して女優名の使用、作品の改変、編集、加工を独占的に許諾することになる。結果、その女優名を使用した、女性自身が与り知らない商品が、次々に再編集されて発売されるのである。自分が知らないのに、新しい作品が次々に発売されてしまう。メーカーが自由に二次使用、三次使用等ができる契約内容だからだ。

このように重大な条項なのだが、署名するとき多くの女性は具体的にはその重要性を理解していない。もちろんどのような不利益が起きるかの説明もない。例えば金銭の必要に迫られて、一回だけ、あるいは二回だけ撮影に応じたつもりが、再編集されたり、他の女性の映像と組み合わせられたりして、次々に〝新作〟が売りに出される現実を知ったとき、愕然とすることになる。

†第5条(保証)について

この条項も女性にとって非常に不利益な内容が含まれている。

分けても、第2項、第3項は非常に問題だ。言葉としては直接的に言及されていないが、アダルトビデオに出演することで女性が妊娠したり、性感染症になる可能性のある行為、つまり避妊なしの膣性交が行われることが想定されている内容なのだ。かつ、現場で撮影を取り仕切るであろうメーカーの責任については、記載がない。

そして女性とプロダクションの側は、撮影が終了するまで、その身体の状態を維持し、妊娠及び性感染症を防ぐ義務を負うことになっており、メーカーには責任はない。どのようなシチュエーションの撮影をするのか、どのような男優を配置するかは、メーカーの采配のもとにおかれるにもかかわらず、だ。

さらに撮影終了後以降の女性の妊娠、性感染症の罹患は、メーカーの責任に帰すべき場合を除いて、女性とプロダクションの責任において解決し、メーカーには一切の賠償や責任を求めないことになっている。撮影現場を取り仕切るメーカーの衛生管理、男優の管理に関しての責任の立証は難しいと思われる。

なお、本書の一七八ページの表には、「その他」の相談のなかに性感染症の訴えが一件含まれている。この女性は、性感染症が治癒しないまま、数回の撮影を強行されている。当然、相手になった男性の健康にも多大な影響を及ぼす可能性があり、ひどい撮影状況だということだ。

ない。

†第7条（責任）について

この条項によって、女性たちはアダルトビデオを辞められないのだと言っても過言ではない。

女性には、メーカーに損害を与えた場合は損害賠償を科せられているので、出演したくないと思っても、キャンセルすれば莫大な違約金が発生する。事実、相談依頼者の多くは辞めたいと思いつつも辞められない理由に、莫大な違約金を払わなければならないことを挙げている。署名捺印したのは自分だから責任の一端は自分にあると考え、「契約しちゃったから、賠償金を支払わなければ辞められない」と理解している。

条文には、逆も同様、つまりメーカーが女性に損害を与えた場合も補償するとの一文が入っているが、この条項を盾に、自分が被害を被ったからメーカーに賠償金を請求したいとの相談は一件もない。

そのほかにも、条文を細かく読み込めば女性にとって極めて不利な内容が書き込まれているが割愛する。

おわりに

直接聞き取りを行った女性たちの声を中心に、現在、アダルトビデオの制作・流通の過程で、どのようなことが起きているかを伝えてきた。

その意味で、この本を書き上げさせてくれたのは、アダルトビデオ産業のなかで心身に及ぶ苦しみを味わった彼女たち自身である。彼女たちに感謝するとともに、彼女たちの思いにどこまで寄り添えたか、彼女たちの批判を待ちたいと思う。

ところで、筆者は、何を指してアダルトビデオと言うのかという定義をしないままに本書の記述を展開してきた。不十分な定義に四苦八苦するよりも、まずは、女性たちの訴えている実態から入っていこうと考えたからである。

古来、人々はさまざまな形や方法で性の営みを表現してきた。そのジャンルの一つがアダルトビデオでもある。

百合みだら　五つひらいて　みなみだら

時実新子

花は植物にとっての性器であると考えると、この川柳はなんというエロティックで妖艶な言語表現であろうか。

この川柳で描かれた情景を、言語ではなく生身の女性を使って〝表現〟したものが、アダルトビデオのなかにある。両股を開き自身の女性性器を自分の手ないしは他者（おそらく男性）の手によって押し開いて見せるポーズである。アダルトビデオのなかでは割合コモンなポーズだ。

身も蓋もない。

このような映像に一定の需要があることを考えると、なんという性の貧しさかと思う。性の快楽の表現という、きわめてプライベートな事柄に関して、貧しいだの豊かだのと他者に価値評価されたくないとの意見もあろう。しかし、性の快楽を享受するには、重大な前提条件が必須である。他者の性の尊厳を脅かし、侵犯しない限りにおいて、という前提条件である。

相談を寄せる女性たちは、自分の映像をこの世から消してほしいと切実に願っている。人々の性の交わりの表現には限りない可能性があると思う。

ただ、それは、訴えを寄せてくる女性がされているそれでは、断じて、ない。

謝辞

この新書は、多くの方々や団体のご尽力、ご協力なしには生まれませんでした。

深い感慨を持って感謝申し上げます。

特に以下の方々に。

第一に、どこの馬の骨ともわからない私たちのような組織を信じ、あるいは私たちの組織に人生を賭けて相談を寄せてくださった二〇〇人余の相談依頼者の方々に。

AV被害者相談支援事業として協働事業の相手方となってくださった「NPO法人 人身取引被害者サポートセンター ライトハウス」に。

出版を引き受けてくださった筑摩書房ならびに編集者に。

二〇一六年六月一〇日、あるレストランにて、このことをテーマに小説かドキュメントにして社会に問うてくださる作家またはジャーナリストを紹介してもらえないかと訊ねる私を前にして、「これは、あなた、宮本さんが書かないで誰が書くというのですか」と〝一喝〟してくださったある作家に。

そして最後に、この本を買ってくださった方々に。

この本の印税は相談支援事業のために使われます。

二〇一六年九月二七日　擱筆

宮本節子

参考資料

ポルノ被害と性暴力を考える会編『証言・現代の性暴力とポルノ被害』東京都社会福祉協議会、二〇一〇年
ポルノ被害と性暴力を考える会編『森美術館問題と性暴力表現』不磨書房、二〇一三年
ライトハウス編集『BLUE HEART』ライトハウス、二〇一五年
ポルノ被害と性暴力を考える会監修『ポルノ被害者支援マニュアル』一般社団法人社会的包摂サポートセンター、二〇一六年

ちくま新書
1225

AV出演《しゅつえん》を強要《きょうよう》された彼女《かのじょ》たち

二〇一六年一二月一〇日　第一刷発行

著　者　宮本節子（みやもと・せつこ）

発行者　山野浩一

発行所　株式会社筑摩書房
東京都台東区蔵前二-五-三　郵便番号一一一-八七五五
振替〇〇一六〇-八-四一二三

装幀者　間村俊一

印刷・製本　株式会社精興社

乱丁・落丁本の場合は、左記宛にご送付ください。
送料小社負担でお取り替えいたします。
ご注文・お問い合わせも左記へお願いいたします。
〒三三一-八五〇七　さいたま市北区櫛引町二-六〇四
筑摩書房サービスセンター　電話〇四八-六五一-〇〇五三

ISBN978-4-480-06934-4 C0236

ちくま新書

947
若者が無縁化する
――仕事・福祉・コミュニティでつなぐ
宮本みち子
高校中退者、若者ホームレス、低学歴ニート、世の中から切り捨てられ、孤立する若者たち。彼らを社会につなぎとめるために、現状を分析し、解決策を探る一冊。

1091
もじれる社会
――戦後日本型循環モデルを超えて
本田由紀
もじれる＝もつれ＋こじれ。行き詰まり、閉々とした状況にある日本社会の見取図を描き直し、教育・仕事・家族の各領域が抱える問題を分析、解決策を考える。

1113
日本の大課題 子どもの貧困
――社会的養護の現場から考える
池上彰編
格差が極まるいま、家庭で育つことができない子どもが増えている。児童養護施設の現場から、子どもの貧困についての実態をレポートし、課題と展望を明快にえがく。

1120
ルポ 居所不明児童
――消えた子どもたち
石川結貴
貧困、虐待、家庭崩壊などが原因で、少なくはない子どもたちの所在が不明になっている。この国で社会問題化しつつある「消えた子ども」を追う驚愕のレポート。

1134
大人のADHD
――もっとも身近な発達障害
岩波明
近年「ADHD（注意欠如多動性障害）」と診断される大人が増えている。本書は、症状、診断・治療方法、他の精神疾患との関連などをわかりやすく解説する。

1162
性風俗のいびつな現場
坂爪真吾
熟女専門、激安で過激、母乳が飲めるなど、より生々しくなった性風俗。そこでは、どのような人たちが、どのような思いで働いているのか。その実態を追う。

1164
マタハラ問題
小酒部さやか
妊娠・出産を理由に嫌がらせを受ける「マタハラ」が、いま大きな問題となっている。マタハラとは何か。その実態はどういうものか。当事者の声から本質を抉る。